4·16구술증언록 단원고 2학년 4반 제15권

# 그날을 말하다

## 차웅 아빠 정윤창

이 도서의 국립중앙도서관 출판예정도서목록(CIP)은 서지정보유통지원시스템 홈페이지(http://seoji.nl.go.kr)와
국가자료공동목록시스템(http://www.nl.go.kr/kolisnet)에서 이용하실 수 있습니다.
CIP제어번호: CIP2019009524

4·16구술증언록 단원고 2학년 4반 제15권

# 그날을 말하다

## 차웅 아빠 정윤창

4·16기억저장소 기획 편집
(사) 4·16세월호참사가족협의회 지원 협조

일러두기

1. 음절로 식별 가능한 소리를 들리는 대로 전사하는 것을 원칙으로 한다.

2. 의미를 파악하기 위해 추가 설명이 필요할 경우 [ ]로 표시한다.

3. 몸짓, 어조 등 비언어적 행위는 ( )로 표시한다.

4. 구술자가 말을 잇지 못해 말줄임표를 사용하는 경우 ……, …로 길고 짧음을 표시한다.

5. 비공개 영역은 〈비공개〉로 표시한다.

6. 비공개해야 하는 희생자 형제자매의 이름은 ○○, △△ 등의 도형기호로, 생존자의 이름은 A, B, C 등 알파
   벳 대문자로 표시한다.

7. 비공개해야 하는 제3자는 직분이나 소속, 성만 공개하고, 이름은 ××로 표시한다. 비공개해야 하는 숫자는
   자릿수에 상관없이 □로 표시하며, 지명은 □□로 표시한다.

　4·16기억저장소에서는 세월호 참사 5주기를 맞아 구술증언 수집 사업의 결과물 일부를 100권의 책으로 발간하게 되었습니다. 이 사업은 2015년 6월부터 다양한 학문 분야 구술 연구자들의 자발적인 참여로 진행되어 왔으며, 세월호 참사를 좀 더 정확하고 다각적으로 기록하고 기억하고자 하는 노력의 일환으로 수행되었습니다.

　2014년 참사 발생 이후, 참사 피해자들의 목격담과 경험은 안타깝게도 공식적인 국가기관과 언론의 기록 속에서 철저히 소외되거나 왜곡되었습니다. 그것은 세월호 참사가 우리에게 안긴 죽음과 고통의 충격만큼이나 우리 사회의 끔찍한 비극이었습니다. 따라서 사업을 진행하면서 세월호 참사 희생자 가족, 생존자, 생존자 가족, 어민, 잠수사, 활동가, 기자 등등, 참사의 초기 과정을 직접 경험한 분들의 증언을 우선적으로 수집했습니다. 구술자는 이 사업의 취지와 방식에 개인적으로 동의한 분 중에서 선정했으며, 참여 과정에 어떠한 금전적 보상이나 이익이 제공되지 않았습니다. 또한 구술증언 수집 사업을 진행하는 동안, 면담자는 연구자이자 참사를 겪은 공동체 시민으로서 최대한 윤리적이고자 노력했습니다.

구술자마다 매회 약 2시간씩 3회를 원칙으로 음성 녹취와 영상 촬영을 하는 방식으로 진행되었고, 증언의 일관성을 확보하기 위해 면담자는 큰 틀에서 공통 질문지를 사용했습니다. 공통 질문지의 내용은 참사와 구술자 간의 관계성에 따라 차이가 있지만, 유가족 구술의 경우 1회차 '참사 이전의 삶, 팽목항과 진도에서의 경험, 자녀에 대한 기억'을, 2회차 '참사 이후 투쟁과 공동체 활동 경험'을, 3회차 '참사 이후 개인 및 가족이 경험한 삶의 변화와 깨달음, 자녀의 현재적 의미'를 중심으로 했습니다. 이처럼 증언 내용은 참사 이전에서 시작해 참사 발생 당시의 경험과 이후의 변화 과정까지 폭넓게 수집했고, 면담자는 구술 채록 과정에서 구술자의 발화를 최대한 존중하고자 했으며, 무엇보다 각자의 특수한 경험과 다른 시각을 충실히 반영하고자 했습니다.

이 구술증언록의 발간을 위해, 채록된 음성 자료는 문서로 변환해 구술자와 함께 검토했고, 현재 시점에서 공개할 수 있는 영역과 할 수 없는 영역으로 구별했습니다. 따라서 책에 실린 내용은 모두 구술자로부터 공개를 허락받은 부분입니다. 비공개 영역은 추후 구술자의 동의를 받아 적절한 절차를 거쳐 추가로 공개될 수 있으리라 생각합니다.

이 구술증언록 100권에는 그동안 우리 사회에 왜곡되어 알려지거나 잘 알려지지 않았던, 참사 발생 직후 팽목항과 진도 혹은 바다에서의 초기 상황에 관한 중요한 증언이 포함되어 있습니다. 또한, 자녀를 잃는 잔인하고 애통한 상황을 겪으면서도 그 누구보다 강인한 정치적 주체로 성장할 수밖에 없었던 유가족의 마음과 경험을 구체적으로, 그리고 여러 각도에서 살펴볼 수 있습니다. 그 외에도, 이 구술증언록은 2014년을 전후한 한국 사회의 여러 측면을 드러내는 귀중한 자료가 되리라고 생각합니다. 무엇보다 국내외의 많은 분이 이 책을 읽어, 장차 세월호 참사의 진상 규명과 역사 서술에 기여할 수 있기를 바랍니다.

구술증언 수집 사업이 진행되고, 책으로 출간되기까지 많은 분의 도움과 지지가 있었습니다. 이 지면을 빌려 부족하나마 감사의 말씀을 전하고자 합니다.

먼저 (사)4·16세월호참사가족협의회와 4·16기억저장소에 감사를 드립니다. 이분들의 신뢰와 적극적인 협조가 없었다면, 이 사업은 처음부터 시작할 수조차 없었을 것입니다. 또한 어려운 정치 환경 속에서도 사업의 취지에 공감해 재정 지원을 결정해 준 아름다운가게와 역사문제연구소에 감사드립니다. 두 단체 덕분에, 이 사업을 4년 동안 계속해 올 수 있었습니다. 그리고 구술증언록 100권의 발간에 동의하고, 바쁜 일정에도 출판 실무를 기꺼이 맡아주신 한울엠플러스(주)에도 감사를 드립니다. 이 외에도 많은 개인과 단체가 직간접적으로 많은 도움을 주시고 격려해 주셨습니다. 여기에 모두 밝히지 못하는 것을 죄송하게 생각합니다.

　말할 필요도 없이, 가장 크고 또 가슴 아픈 감사는 구술자 한 분 한 분께 드리고자 합니다. 이 책이 발간될 수 있었던 것은, 무엇보다 용기를 내어 아픔과 고통의 기억을 다시 떠올리고 장시간 진심으로 이야기를 해주신 구술자가 있었기 때문입니다. 오랜 시간 이야기를 나누며 함께 공감하기도 했지만, 그 아픔과 고통을 어떻게 가늠할 수 있을까 싶습니다. 더 큰 도움이 되지 못함을 안타까워하며, 이 구술증언록 100권의 발간이 피해자분들에게 조금이라도 위로가 될 수 있기를 기원합니다.

2019년 4월

4·16기억저장소 구술팀 책임자
서울대학교 인류학과 교수 이현정

# 차례

## ■ 1회차 ■

<u>17</u>
1. 시작 인사말

<u>17</u>
2. 구술 참여 동기

<u>19</u>
3. 4·16 이전의 삶 이야기

<u>22</u>
4. 공부보단 하고 싶은 걸 하고 살길 바랐는데…

<u>27</u>
5. 차웅이의 마지막 모습 그리고 참사 소식

<u>31</u>
6. 목포 병원에서 만난 아들 그리고 장례식

<u>36</u>
7. 지난 3년간 진상 규명 투쟁활동들

<u>41</u>
8. 천만 서명운동과 국회 농성, 프란치스코 교황 방문 이야기

<u>46</u>
9. 청운동주민센터 농성과 동거차도 감시단 활동

49
10. 시민들에게 받는 상처와 응원

52
11. 참사를 방관하는 정부


■ 2회차 ■


61
1. 시작 인사말

61
2. 진상 규명 활동 참여의 의미

64
3. 참사 후 가장 힘든 일과 사람들로부터 받은 위안

68
4. 가족관계의 변화

71
5. 세상에 대한 관점의 변화

77
6. 이사를 하게 된 계기

82
7. 진상 규명의 의미

86
8. 차웅이는 제 아들입니다.

# ■ 3회차 ■

<u>91</u>
1. 시작 인사말

<u>91</u>
2. 참사 이후의 직장생활

<u>96</u>
3. 국내 정치 변화에 대한 소회

<u>102</u>
4. 바라는 점

<u>105</u>
5. 새 정부 등장과 세월호

<u>110</u>
6. 생명안전공원과 새로운 운영위원회 그리고 졸업식

<u>118</u>
7. 마무리 인사

# 차웅 아빠 정윤창

구술자 정윤창은 단원고 2학년 4반 고 정차웅의 아빠다. 아들이 스스로 하고 싶은 것을 하며 살길 바랐던 아빠는 아들의 꿈을 위해 무엇이든 도와줄 준비가 되어 있었다. 직장생활을 하면서도 유가족 활동에 열심히 참여해 온 아빠는, 얼마 전 퇴직한 후 어떻게 하면 진실 규명과 더 나은 사회를 만드는 데 도움이 될 수 있을지 고민 중이다.

정윤창의 구술 면담은 2017년 4월 6일, 20일, 그리고 2019년 2월 14일, 3회에 걸쳐 총 3시간 동안 진행되었다. 면담자는 이호신·김익한, 촬영자는 이민·강재성이었다.

구술자 본인의 프라이버시나 제3자의 프라이버시를 보호해야 할 부분을 제외하고는 구술자의 발화를 있는 그대로 전사했다.

# 1회차

2017년 4월 6일

1   시작 인사말

2   구술 참여 동기

3   4·16 이전의 삶 이야기

4   공부보단 하고 싶은 걸 하고 살길 바랐는데…

5   차웅이의 마지막 모습 그리고 참사 소식

6   목포 병원에서 만난 아들 그리고 장례식

7   지난 3년간 진상 규명 투쟁활동들

8   천만 서명운동과 국회 농성, 프란치스코 교황
     방문 이야기

9   청운동주민센터 농성과 동거차도 감시단 활동

10  시민들에게 받는 상처와 응원

11  참사를 방관하는 정부

## 시작 인사말

**면담자**      이 구술증언은 4·16 사건에 대한 참여자들의 경험과 기억을 기록으로 남김으로써 이후 진상 규명 및 역사 기술에 기여하고자 합니다. 지금부터 정윤창 씨의 증언을 시작하겠습니다. 오늘은 2017년 4월 6일이며, 장소는 안산시 단원구 세승빌라입니다. 면담자는 이호신이며, 촬영자는 이민입니다.

## 구술 참여 동기

**면담자**      오늘은 4·16 이전의 삶에 대한 이야기부터 4·16 당일, 안산으로 돌아올 때까지 팽목항과 진도에서의 경험, 그리고 아이에 대한 기억에 관한 내용이 될 것 같습니다. 말씀은 증언의 성격이 강하니 자세하게 해주시면 더 좋겠습니다. 먼저 이 구술증언에 참여하시게 된 동기부터 여쭙겠습니다.

**차웅 아빠**      말씀하신 취지처럼 저희가 경험했던 것들… 기록을 남기신다 그러니까 좀 도움이 될까 싶어서 일단 응하긴 했습니다.

**면담자**      그러면 이 구술증언 기록이 어떤 목적으로 사용되길 원하세요?

차웅 아빠    음… 큰 사고잖아요. 이런 큰 사고가 나서 저희들[이] 경험하고, 그다음에 해왔던 것들[이] 바탕이 돼가지고 더 안전한 사회를 이룰 수 있는 밑바탕이 되고, 국가나 사회에 어떤 도움을 줄 수 있는 밑거름이 됐으면 합니다.

면담자    최근 촛불집회에도 참여를 하셨어요?

차웅 아빠    촛불집회는 거의 다 나갔죠.

면담자    같이 구호도 외치셨고요?

차웅 아빠    네, 그랬죠(웃음).

면담자    박근혜 대통령이 탄핵되고 이어 구속도 됐습니다. 어떠세요?

차웅 아빠    그… 당일은 많이 기분이 좀 뭐라 그러나 업이 되었다고 그래야 되나요? 근데 막상 또 하루 이틀 지나고 나니까, 그것도 그렇게 썩 기분이 좋은 일은 아니었구요.

면담자    그게 진상 규명에는 도움이 되리라고 생각하진 않으세요?

차웅 아빠    도움은 어느 정도 되겠지만 그게 진상 규명하는데 큰 역할을 한다고는 안 보거든요. 우리나라 정치, 사회가 워낙 비밀이 많고 그런 데라, 그런 걸 생각하면은 글쎄 크게 큰 바람은 없습니다.

면담자    세월호를 인양했습니다. 혹시 진도나 목포에 다녀오셨나요?

차웅 아빠    지난주에 갔다 왔어요.

면담자    그래도 세월호가 올라와서 조금 더 기대가 있지 않으세요?

차웅 아빠    우리가 요망한 게 인양이었으니까 어느 정도 소원이 이루어진 것도 있고, 특히나 미수습자[가족]들이 희망을 가질 수 있게 됐잖아요. [세월호가] 바로 앞에 있으니까… 이제 그 수습, 애들 수습하는 데 어느 정도 진척이 됐다고 보고 있죠.

# 3
## 4·16 이전의 삶 이야기

면담자    그럼 이제 4·16 이전의 삶에 대해서 조금 여쭤보겠습니다. 안산에는 언제부터 살게 되셨죠?

차웅 아빠    안산에는 제가 90년도에 여기서 직장생활을 했구요.

면담자    원래 고향은 어디셨나요?

차웅 아빠    고향은 이제 전라도 광주 쪽이었구요. 그때 올라와서 직장 잡고, 94년도에 이제 결혼을 해서 여기에 자리를 잡았죠.

면담자    원래 안산에 있는 직장 다니시다 결혼해서 정착하셨다는 거네요?

차웅 아빠    서울에 있다가, 몇 년 있다가 90년도에 여기 직장 다녔고, 94년도에 결혼해서 여기다 터를 잡은 거죠.

면담자    안산에서는 어떤 일을 하고 계시죠?

차웅 아빠    산업용 보일러 제조하는데, 설계 쪽에 있습니다.

면담자    기계 설계 일을 하시는 거구요. 그럼 4·16 이전에 평일의 하루 일상, 날마다 좀 다르겠지만 아침에 눈을 떴을 때부터 밤에 주무실 때까지 어떠셨는지 이야기를 해주시겠어요?

차웅 아빠    음… 뭐 월급쟁이들이 다 똑같지 않습니까? 새벽에 나갔다가 회사에서 일하고 퇴근해서 집에 오는 건데, 거의 일상이 비슷했구요. 주말에만 인제 좀 애들하고 많이 돌아다녔죠. 뭐 공원도 많이 가고, 특히 에버랜드 같은 데는 자주 많이 가고 그랬었죠.

면담자    아까 새벽에 나가신다고 그랬는데, 근무하시는 시간이 어느 정도 되세요?

차웅 아빠    저희가 8시 반에 근무를 [시작]하거든요. 아침에 차가 좀 많이 밀리니까 좀 일찍 나가죠, 한 7시나 7시 반 정도 나가죠. 그러다 보니까 겨울에는 거의 새벽이고 여름에는 쫌 훤하고.

면담자    보통 퇴근해서 돌아오시면 몇 시쯤 되나요?

차웅 아빠    퇴근해서 집에 오면 9시 정도….

면담자       퇴근이 굉장히 늦으시네요?

차웅 아빠     일이 많아 가지고, 원래는 5시 반 퇴근인데, 8시나 8시 반까지 근무하다가 대부분 오죠.

면담자       그럼 주중에는 아이들과 함께하는 시간이 별로 없으셨겠네요.

차웅 아빠     그렇죠. 저녁에 잠깐 얼굴 보고 마는 거죠.

면담자       그러면 사모님은?

차웅 아빠     집사람도 회사 다녔어요.

면담자       사모님도 직장 다니셨구요, 어떤 일을 하셨는데요?

차웅 아빠     경리 쪽에 일을 하고 다녔죠.

면담자       경리요? 그럼 사모님도 직장이 안산이셨고요?

차웅 아빠     네, 안산에서 다녔고, 거기는 근무시간이 우리보다는 정시 출근, 5시 퇴근이었으니까 좀 나았죠.

면담자       그러면 평소에는 아이들이 알아서 밥 챙겨먹고 그런 건가요?

차웅 아빠     대부분 학교 가 있으니까요. 어렸을 때야 애들 어린이집 보내고… 차웅이 어린이집 보내면서 집사람이 직장 다녔거든요. 그전에는 직장을 안 다니다가 차웅이가 어린이집 다니기 시작하고 그리고 나서 직장 구해서 다녔어요. 보통 여기 공단이 5시 반 정도면 거의 다 끝나거든요. 집사람은 집에 오면 한 6시쯤 되죠.

면담자    그렇게 퇴근이 늦진 않으셨네요.

차웅 아빠    네, 아침밥 해주고 낮에는 애들 학교에서 밥 먹고 저녁은 같이 집사람하고 먹었죠.

면담자    아까 주말에 에버랜드 갔다 온 이야기해 주셨는데, 주말은 주로 어떻게 보내셨는지, 그리고 좀 기억에 많이 남는 일이라든가 이런 에피소드를 이야기해 주세요.

차웅 아빠    저는 애들한테, 이를테면 저희가 자라온 환경하고 지금 자라는 애들하고 좀 틀리잖아요? 그래서 많은 경험을 좀 시켜주고 싶어서 뭐 연극이나 문화생활도 가끔씩은 했고, 그다음에 대부분 애들 데리고 여기 화랑유원지나 아니면 멀리 가면 용인이나 이런 쪽으로 가고, 또 외갓집 식구들하고도 잘 어울렸거든요. 그쪽 식구들하고 또 1박, 2박 이렇게 놀러도 가고 그렇게 지냈죠.

4
## 공부보단 하고 싶은 걸 하고 살길 바랐는데…

면담자    차웅이랑 함께한 삶에서 가장 기억에 남는 일화가 있다면 어떤 게 있을까요?

차웅 아빠    글쎄, 일화는 특별히 지금 기억나는 건 없는데… 저희 집에 딸이 없어요. 저희도 5형제고 아버지도 4형제고, 그래서 딸들이 없다 보니까 처음에는 딸이길 바랬었거든요, 차웅이가. 근데 이제 아들이 [차웅이가] 태어났는데, 성격이 너무 좋았어요. 우리가 애들하고 장난을 많이 치잖아요, 장난치면 다 받아주고… 큰아들보다는 차웅이하고 더 재미있었죠. 큰애는 큰애다 보니까 무뚝뚝한 면이 많이 있었고, 작은애는 그렇지 않아서 좀 재밌게 지냈죠.

면담자    특별히 어디 놀러 가서 기억나는 에피소드는 없으세요?

차웅 아빠    딱히 떠오르는 건 없네요.

면담자    그럼 차웅이를 키우시면서 특별히 중요하게 생각하셨던 거는 어떤 게 있을까요?

차웅 아빠    차웅이는, 아시겠지만 검도를 했잖아요. 걔가 공부하는 걸 굉장히 싫어했어요. 저도 큰애한테는 "공부해라, 공부해라" 이렇게 했는데 차웅이한테는 그러고 싶지 않더라구요. 애가 좀 산만하다 보니까 운동을 시키게 됐는데, 굉장히 좋아하고 열심히 해서 저희는 그쪽으로 계속 밀어줬죠. 저도[차웅이도] 재밌어하고 다니고 결국은 "나중에 너 검도 열심히 해서 사범 되면 아빠가 체대 보내서 사범 시켜줄게, 도장 차려줄게"까지 얘길 했었죠.

면담자    공부는 별로 신경 안 쓰셨다고 그랬는데, 그래도 아이한테 바라는 거라든가 특별히 강조해서 가르쳤던 것들이 있으셨다면요?

차웅 아빠　　　일단은 "거짓말은 하지 말라"고 얘기는 해서 거짓말 하면 혼 좀 많이 냈는데요. "거짓말은 하지 말고 살아라" 그랬었어요. 그래서 더 걔가 그랬던 것… 같기도 하고. 공부보다는 좀 자기 하고 싶은 거, 내가 하고 싶은 거를 하고 살았으면 했었어요. 그래서 차웅이 검도하는 것도 그대로 뒀었고, 나중에 공부는 고등학교 올라오니까 하겠다고 그러더라구요. "그럼 또 공부해라"라고 얘기 했었죠.

면담자　　　교우관계나 그런 것들은 괜찮은 편이었나요?

차웅 아빠　　　좋았어요. 친구들도 많고, 주말마다 만나는 친구들. 평일에는 뭐 학교 다니고 그러니까 놀 시간이 없어서 주말에 꼭 만나는 친구들이 한 서너 명 있었어요. 용돈 같은 거 주면 모아놨다가 꼭 주말에 가서 쓰고, PC방도 가고 노래방도 가고 그러고 놀더라구요.

면담자　　　그러면 보통 세상 돌아가는 일이나, 입시와 관련된 정보 같은 거는 어떻게 얻으셨어요?

차웅 아빠　　　그거는 크게 신경 안 썼어요, 진짜로 큰애한테도 그렇고. 큰애도 거의 자기가… 이제 방향만 우리가 좀 일러줬고, 나중에 학교 선택할 때 좀 도움주고 거의 스스로 알아서 하도록 했었죠, 학교 선택도 자기가 했고 그래서 입시 가지고, 우리가 고3이 있다고 그래 가지고 큰 고민 있고 그러진 않았어요.

면담자　　　차웅이랑 형이랑은 몇 살 터울이죠?

차웅 아빠      큰애가 지금 23살이니까, [2]2살?

면담자      그러면 참사 당시 이미 대학생이었던 건가요?

차웅 아빠      이제 1학년 때….

면담자      입시나 이런 말고도 살면서 필요한 여러 가지 정보들도 있잖아요. 그런 거는 주로 어떻게 얻으셨어요?

차웅 아빠      이제 뭐 필요한 정보는 인터넷 같은 것 좀 뒤져보구요, 책에서 좀 찾아보고. 애들한테도 책을 좀 많이 읽으라고 강조는 했었어요. 근데 안 보더라구요(웃음).

면담자      아버님은 책을 많이 읽는 편이세요?

차웅 아빠      저는 시간 나는 대로 보고 있죠.

면담자      주로 어떤 책들 보세요?

차웅 아빠      그게 계발 쪽, 이런 쪽이나 인성, 인문학… 요즘에 와서 인문학을 좀 읽구요. 전에는 직업이 직업이다 보니까 공부하는 양도 좀 많았고… 주로 인성 쌓는 쪽 책을 많이 봤죠.

면담자      그럼 아이들한테도 그런 분야의 책을 주로 읽으라고 권하신 거고요?

차웅 아빠      그렇죠.

면담자      혹시 종교는 가지고 계세요?

차웅 아빠    종교는 없어요.

면담자    그럼 동네에서 만나는 분들이라든가, 지역에서 하고 계신 활동은 없었나요?

차웅 아빠    저희는 그 동네에 워낙 오래 살다보니까, 저희가 [사는 데가] 원곡동… [행정상] 동 이름은 초지동인데, 거기서 거의 20년 이렇게 살다 보니까 아는 사람들은 많죠. 그냥 친척처럼 지내는 사람도 있고. 애들 어렸을 때 저희 맞은편에 위아래 살다가 나중에는 맞은편 집이 됐는데, 엄마, 아빠 없으면 그 집에서 거의 애들 밥 챙겨주고 그럴 정도로 친하게 지낸 분들이 몇 분 계시죠.

면담자    모임은 아니고 개별적으로 친하신 분들?

차웅 아빠    저는 [모임은] 없었어요.

면담자    정치나 사회적 이슈에 대한 관심은 어떠셨어요? 4·16 참사가 나기 이전에 이런 부분에 관심을 가지고 계셨었어요?

차웅 아빠    글쎄요… 다른 사람이 갖고 있는 정도는 갖고 있었지만 어떻게 보면은 크게 관심은 없었죠.

면담자    투표는 꼭 하시는 편이었나요?

차웅 아빠    네, 투표는 했었고.

면담자    투표를 하시면 주로 어떤 쪽 성향?

차웅 아빠    저희는 대부분 야당 쪽이었죠. 저희가 고향이 광주 쪽이다 보니까 민주당이나 이런 쪽, 항상 기호 2번 많이 찍었죠.

# 5
## 차웅이의 마지막 모습 그리고 참사 소식

**면담자**　　그러면 수학여행 때로 시점을 옮겨서, 출발 전에 여행에 대해 알고 계셨나요?

**차웅 아빠**　　글쎄요… 수행여행 간다 그래서 뭐 크게 생각 안 했어요. 학생들이면 다 가는 여행이고 "잘 갔다 와라" 하고, 아침에 가는 날도 제가 좀 일찍 나가다 보니까 애들 자고 있을 것 아니에요. 그래서 자고 있는 거 깨워가지고 잘 갔다 오라고 인사만 하고 그냥 출근했었죠.

**면담자**　　수학여행에 대해 알게 된 건 학교에서 보낸 안내문 통해서인가요?

**차웅 아빠**　　네, 안내문 오니까 그거 보고. 그때 처음에 비행기를 탈 건지, 배를 탈 건지 설문조사도 했었고.

**면담자**　　그때 아이들이 배를 타자고 했던가요?

**차웅 아빠**　　그때 아마 우리는 다 배 타는 쪽으로 얘기를 했었어요. 왜냐면 그 전에 가족여행 갈 때도 배를 타고 간 기억이 있거든요. 가면은 어떻게 어떤 놀이를 하고 어떤 식으로 가는지를 아니까. 그때 좀 재밌었거든요, 그때 기억이. 그래서 배 타는 걸 아마 권했던 것 같아요.

면담자    수학여행 가면서 특별히 준비한 게 있었나요?

차웅 아빠    그거는 저희가 안 하고 아마 본인 스스로 했고, 엄마가 챙겨줬을 겁니다.

면담자    그래도 필요한 물품이라든가 있었을 것 같은데요.

차웅 아빠    수학여행이라는 게 뭐, 글쎄요. 제주도 가는 거니까 거기 필요한 게, 이제 뭐 세면도구 이런 거 말고는 특별하게 챙겨준 거는 없어요.

면담자    출근 전에 자는 아이 깨워서 인사하신 게 그러면 마지막으로 본 모습이겠네요.

차웅 아빠    그렇게 됐죠, 네.

면담자    그런데 기상 조건이나 이런 것들 때문에 배가 예정대로 출발을 못했잖아요.

차웅 아빠    네, 네.

면담자    그럼 출항과 관련된 이야기나 그런 상황은 알고 계셨나요?

차웅 아빠    그게 차웅이 핸드폰이 그때 배터리가 떨어져 가지고 통화가 안 됐어요. 그래서 우리는 그런 상황을 전혀 모르고 있었고요.

면담자        그러면 언제 사고 소식을 접하셨어요?

차웅 아빠      아니, 저녁에 통화 딱 한 번 되고, 사고 소식은… 그 다음 날 출근해서 조카한테 전화가 와가지고 알게 됐구요. 조카가 은행에 근무하다 보니까, 은행에는 TV를 켜놓잖아요, 저희는 근무를 하니까 TV를 못 보고. 그래서 나중에 알고 보니까 아마 집사람한테 먼저 전화를 했고 그러고 나서 또 나한테 전화를 했더라구요.

면담자        그게 몇 시경이었나요?

차웅 아빠      정확히 기억은 안 나구요. 출근해서 얼마 안 됐으니까, 근무 시작한 지 얼마 안 됐으니까 9시 좀 넘었을 것 같아요.

면담자        그러면 연락받고 어떻게 하셨어요?

차웅 아빠      연락받고 그 자리서 계속 전화를 핸드폰으로 해보고, 선생님들하고는 내가 모르니까 집사람이 선생님한테 전화를 계속해 보고… 계속 전화를 해봤죠. 그러다가 도저히 안 되겠다 싶어서 인터넷방송 켜놓고 보다가 학교로 갔죠.

면담자        그게 점심때쯤에 가신 건가요?

차웅 아빠      아니요. 바로 아침에 회사에 얘기하고 바로, 그때 아침에 바로 갔죠. 회사에 얼마 안 있다가 집사람 회사 앞에 가서 태우고 가니까 한 10시? 많이 됐으면 10시 됐을 거예요.

면담자        그날 진도로 내려가신 거죠. 그럼 그때까지의 상황에 대해서 조금 더 자세하게 말씀을 해주시겠어요?

차웅 아빠　　　그때 학교 가니까 벌써 방송차들 다 와 있고. 저희가 교실로 올라갔죠, 올라가니까 뭐 난리가 났는데 나중에 좀 우왕좌왕하고 있다 보니까 강당으로 다 모이라고 그러더라구요. 그래서 4반 있는 데가 같은 [건물에] 강당이 있거든요. 그래서 강당에 가가지고 거기 기다리고 있는데 앞에 TV를 틀어주더라구요, 크게 해가지고. 그래서 그 TV 앞에 앉아 있는데 얼마 안 돼서 아마 "전원 구조"라는 게 그때 거기에 떴었어요, 자막으로. 그래서 분위기가 술렁술렁하다가 "됐다, 됐다!" 했는데 근데 분위기가 좀 이상해지더라구요. 어떤 부모님이 "그 짧은 시간에 다 구할 수가 없다. 믿을 수가 없다" 이제 그런 얘기가 나와가지고 "우리 진도로 가자" 그랬어요. 그때 시장님도 아마 와 계셨었고….

면담자　　　시장님도 바로 단원고등학교에?

차웅 아빠　　　그래 가지고 그때 거기서 바로 진도로 가자 그래 가지고 시에 이제 버스 수배해 가지고 그 버스 타고 바로 내려갔죠. 당시에 뭐 생존자나 이런, 교무실에 가서 생존자 명단을 달라 그러니까 그런 거는 전혀 정보를 얻을 수가 없었구요. 오로지 진도로 내려가자는 얘기밖엔 없었어요. 다 구조는 됐다고 그러니까 이제 애들[한테] 가서, 뭐 차를 가지고 갈 건지 버스를 타고 갈 건지 집사람하고 왈가왈부하다가 "버스를 일단 타고 가자. 머니까". 그래서 "애들 다 구했다니까 거기 가서 뭐 옷을 사든가 신발을 사든가, 거기 가서 구하면 되지 않겠냐" 그러고 내려간 거죠, 무작정.

## 6

## 목포 병원에서 만난 아들 그리고 장례식

면담자    그럼 진도에 도착한 직후에 대해서 좀 말씀해 주시겠어요?

차웅 아빠    저희는 진도로 못 내려갔어요. 가다가… 한 12시… 차웅이가 그때쯤 발견이 됐잖아요. 이제 버스 안에 TV도 안 틀어주고 계속 인터넷만, 핸드폰만 뒤지고 가는데, 그 버스 안에는 시에서 나온 사람하고 학교에서 나온 사람하고 있었어요. 거기서 갑자기 이제 아들 누구 엄마 있냐고 물어보더라구요. 그때는 처음에는 차웅이라는 얘기도 안 하고, 그때 치웅이라고 그랬죠, 치웅이… 시에서 나오신 분이. 그래서 나는 이제 '아니다' [생각했는데] 근데 집사람은 그게 또 직감이 들었는지 "우리가 부모다"라고 얘기를 했거든요. 그리고 나서 그 얘기 물어본 사람도 앉아버리고, 저희도 되게 이상하더라구요. 이제 주위에서 웅성웅성 대고… 그래서 다시 가서 물어봤죠. 무슨 일이냐고 그랬더니 얘기를 안 해줘요. 그때 거기 우리 반 부모님들하고 같이 타고 계셨는데, 뒤에 앉아 계신 부모님이 얘기를 해주더라구요. 인터넷에 떴다고… 그래서 뭐 난리 났죠, 뭐….

면담자    그럼 중간에 내리셨나요?

차웅 아빠    중간에. 그래서 이제 벌써 수습해 가지고 목포 한국

병원에 와 있다고 그러니까 우리가 '진도 가서 뭐하겠냐' 그래서 목포 톨게이트에서 내렸죠, 내려달라 그래 가지고. 내려서 이제 뭐 택시를 타든 다른 차를 이용하든 할라고 무조건 내려달라고 그랬죠. 근데 그 와중에 안산시에서 전화가 왔더라구요. "지원팀이 지금 내려가고 있는 중이니까 톨게이트에서 만나서 그 차를 타고 가라"[고] 그래서 톨게이트에서 내리고 시에서 [보낸] 차 그 차 타고 갔어요. 저희는 진도에 간… 그때 처음엔 안 갔죠.

면담자　　　그럼 한국병원에서 바로 확인하셨어요?

차웅 아빠　　　네, 그래서 이제 애 확인하고, 확인하고 새벽에 올라왔어요. 16, 17일 날 새벽에 올라와 가지고 안산 고대병원으로 왔죠. 그때 올라올 때 저희 반에 경빈이도 있었고, 그다음에 음… 4명이 같이 올라왔죠, 4명이….

면담자　　　아이의 그때 상태는 어떻던가요?

차웅 아빠　　　상태는 좀 붓고… 음… 상태는 괜찮았어요. 그 의사 선생 말로는 심폐소생술 하면서… 이제 물을 많이 먹어서 구멍 이런 데로 거품 보이는 거 말고는 괜찮았어요.

면담자　　　그 마지막 모습을 보셨을 때 어떠셨어요?

차웅 아빠　　　(한숨) 자세히 못 보겠더라구요. 차웅인 것만 확인하고 그리고 주저앉았죠, 뭐. 거기서 주저앉아 가지고 그쪽 방으로 옮겨서 방에 계속 있었어요. 그때 기분은 뭐라고 말로 표현할 수가 있나요…. 암담하다고 그래야 되나, 하늘이 무너진다고 그래야 되나 그랬죠.

**면담자**　　그러면 아이를 데리고 오는 과정과 장례까지 과정을 조금 상세하게 말씀해 주시겠어요?

**차웅 아빠**　　〈비공개〉 앰뷸런스 불러가지고 들어오는데, 그때 당시에는 헬기가 없었으니까, 여기에서 지원 나가는 앰뷸런스 한 대 있었고, 그다음에 목포에 또 한 대가 있어서 두 대였는데, 우리가 올라올 때 [수습한] 사람이, 아 [앰뷸런스가] 셋이었구나, [앰뷸런스가] 셋인데 하나가 없잖아요[모자라잖아요]. 그래서 안산시에서 하나 급하게 내려오라 그래 가지고 앰뷸런스 타고 올라왔어요. 이제 집사람은 다른 형제들이 내려와 있으니까 형제들 차 타고 올라가고. 〈비공개〉

**면담자**　　그러면 장례는 며칠 만에 치르셨죠?

**차웅 아빠**　　장례가… 7일 만이었죠.

**면담자**　　7일 동안 있었던 일들을 말씀해 주시겠어요?

**차웅 아빠**　　그때… 7일 동안에… 보통 애들 한 3, 4일이면 장례를 치르잖아요? 근데 저희 장례가 7일까지 가게 된 게, 어떻게 해야 될지를 모르니까. 그 전에 사례들을 보면은 또 뭐 '장례를 치르면 안 된다, 어쩐다' 막 그런 얘기가 많이 나와가지고 이제 상황을 보고 장례를 치른 거거든요. 그때 아마 5일짼가 6일째 되니까 애들이 많이 올라왔어요. 진도 소식도 그때 좀 듣고 그래서 다른 형제들하고 협의해 가지고 "그럼 장례를 치르자" 그래 가지고 7일 만에 장례를 치렀죠.

면담자     다른 학생 부모님들과 협의하거나 그러시지는 않으셨고요?

차웅 아빠     협의는 계속했죠, 거기 그 부모님들하고. 우리는 모일 수 있는 사람이 거기밖에 없잖아요. 그때 부모님들이 한 여섯 분 정도 되셨죠. 거기서 자체적으로 이제 모임을 만들어가지고 앞으로 어떻게 대처를 해야 할지 그런 것도 협의를 많이 하고. 그래서 나중에 두 분인가는 장례를 안 치르겠다고 그랬는데, 결국은 장례를 같이 치르게 되더라구요.

면담자     같이 치르신 거예요?

차웅 아빠     그때 아마 선생님 한 분이 먼저 장례를 치렀어요. 그게 아마 시작이 되어가지고 거의 같은 시기에 장례를 치렀죠.

면담자     그럼 장례는 어떻게 하신 거예요?

차웅 아빠     어떤?

면담자     화장하셨나요?

차웅 아빠     다 화장했고….

면담자     그럼 지금 유골은?

차웅 아빠    저기 추모공원에, 서호[추모공원], 평택에….

면담자    그러니까 다른 아이들과 같이 있는 거죠?

차웅 아빠    네. 그때 [안치]할 때도 장소가 안 정해져 가지고 이쪽 하늘공원이네, 서호네 막 우왕좌왕했었어요. 하늘공원은 알아보니까, 가서 보시다시피 [봉안시설이] 밖에 있잖아요. 그게 저는 싫어 가지고 서호로 가게 되었고. 당시에 병원하고 교육청하고 해서 한 군데를 지정을 해줬었어요. 그래서 우리는 서호로 간다고 그래 가지고 같이 장례 치른 애들은 다 서호로 갔고, 그 이후에 올라온 사람들은 말 들어보니까 그걸 안내를 안 해줬더라구요, 병원에서. 그러니까 서로 여기저기로 막 찢어진 거죠, 그렇게 됐더라구요.

면담자    그럼 지금 서호추모공원에는 아이들이 얼마나 있나요?

차웅 아빠    서호에 40명, 50명?

면담자    자주 가세요?

차웅 아빠    한 달에 한 번 정도…. 지난달 촛불집회 한다고 못 가고 또 이번 달도 뭐 목포 왔다 갔다 하면서 또 못 갈 것 같네요. 거의 한 달에 한 번씩은 가죠.

면담자    가실 때는 사모님과 함께 가세요?

차웅 아빠    네, 같이 가고. 뭐 집사람은 시간 나면 혼자 갔다 오고….

# 지난 3년간 진상 규명 투쟁활동들

면담자    4·16 사건이 나고 거의 3년이라는 시간이 지났습니다. 그간 여러 투쟁을 진행해 오셨는데요. 지금부터는 각각의 활동들에 어떻게 참여하셨는지 여쭤볼게요. 2014년에 KBS를 항의 방문하고 청와대를 향한 도보 시위도 있었습니다. 참여하셨나요?

차웅 아빠    네.

면담자    2014년 5월 27일부터 29일까지 국정조사를 요구하면서 국회에서 2박 3일 농성을 했는데 거기도 같이하셨고요?

차웅 아빠    네, 거기도 했었죠.

면담자    6월부터 특별법 제정 천만 명 서명운동 같은 것들을 벌였는데요.

차웅 아빠    전국투어 같은 것도 다 하고 그랬어요.

면담자    그리고 7월 12일부터는 특별법 제정을 촉구하는 국회 농성을 장장 119일간 했습니다. 거기도 참여하셨나요?

차웅 아빠    거기는 끝까지는 못 하고 중간중간에 참석을 했었죠.

면담자    7월 15일 날 350만 명 서명지를 들고 국회에 청원하러 갔었는데요.

차웅 아빠    그건 참석 못 했어요.

면담자     7월 23일, 24일 특별법 제정을 촉구하면서 안산에서 광화문까지 도보행진을 했었는데….

차웅 아빠     그거는… 가만 있자… 못 한 것 같아요.

면담자     그리고 8월 15일 날 특별법 제정 촉구 범국민대회를 했었고, 그때 프란치스코 교황이 방문을 해서 시복시성미사를 했었습니다. 그 자리에 함께 계셨나요?

차웅 아빠     네, 갔었어요.

면담자     그리고 청운동주민센터 농성도요?

차웅 아빠     네, 거기도 갔었구요.

면담자     그리고 2015년에는 안산에서 팽목항까지 19박 20일로 도보행진도 있었습니다.

차웅 아빠     중간중간에….

면담자     참석하셨고, 4월 4일에는 삭발식을 하고 1박 2일로 애들 영정사진을 들고 광화문까지 도보로 행진을 했었는데요?

차웅 아빠     그때 했었죠.

면담자     그리고 세종시 해수부를 항의 방문하는 데도 같이 가셨고.

차웅 아빠     한 번 정도 갔던 것 같아요.

면담자        4월 6일 날, 4월 16일이 1주기였는데 잘못 만들어진 시행령 폐기를 요구하면서 광화문에서 연좌 농성을 했는데 같이 가셨나요?

차웅 아빠        그거는 못 했어요.

면담자        그리고 4월 18일 날에는 시행령 폐기를 촉구하는 집회를 했고, 시민들 100여 명이 연행되는 일까지 있었는데요.

차웅 아빠        네, 그때 거기 광화문에 있었죠.

면담자        얼마 뒤인 5월 1일 시행령 폐기를 위한 1박 2일 철야 농성을 했죠. 안국역에서 캡사이신 물대포를 맞으면서 밤샘….

차웅 아빠        있었어요.

면담자        그때도 계셨었고. 9월부터는 동거차도에 [인양작업] 감시초소를 만들어서 감시 활동을 하셨잖아요, 그 활동에는 어떠셨어요?

차웅 아빠        한 번 갔었어요.

면담자        그리고 이제 7월부터 단원고 교실 존치를 위한 교육청 피케팅 같은 걸 했었는데요?

차웅 아빠        교육청 피케팅… 거기는 못 했어요. 법원 앞에서 하는 거 말씀하시는 거죠?

면담자        네, 그리고 민중총궐기대회였죠. 그때 백남기 농민이 물대포를 맞아서 쓰러지셨는데, 그때 참여하셨구요?

차웅 아빠 정윤창

차웅 아빠     그때는 거기 제가 없었어요.

면담자     2016년 1월 10일, 원래대로라면 아이들 졸업을 해야 하는데, 졸업을 못 하고 겨울방학식을 했잖아요. 그때 학교 가셨어요?

차웅 아빠     방학식에 안 갔죠.

면담자     못 가셨고, 그리고 참사 2주기 기억식에는요?

차웅 아빠     기억식에 참석했었죠.

면담자     촛불문화제에 참석하셨었고. 희생 학생들이 제적처리가 돼 원상 복구를 요구하는 일도 있었습니다.

차웅 아빠     네, 그것도 학교에서 [있었어요].

면담자     학교에서 하셨고, 기억교실 기록물 정리하는 작업도 같이 하셨나요?

차웅 아빠     그거는 제가 안 했어요.

면담자     이제 참여하셨던 활동에 대해서 아버님의 기억을 하나씩 들어보려고 합니다. 제일 먼저 아까 KBS 항의 방문을 하는데 가셨다고 하셨잖아요. 참여하시게 된 계기가 있으세요?

차웅 아빠     그때 그 누구야? 보도국장[김시곤]인가 누구죠? 그 사람이 말을 잘못해서 우리가 가게 됐는데, 항의 방문하러 갔는데, 그때 이제 그렇게까지는 길어질 줄은, 청와대까지 갈 생각은 처음에 없었구요. 그냥 영정사진 들고 여기서 출발하자 그래서 KBS 항의 방문했다가 거기서 이제 분위기가 청와대로 가게 된 거죠.

**면담자**　　　KBS 보도본부장의 그 말에 격분을 하셨던 거네요. 미리 계획됐던 건 아니었네요.

**차웅 아빠**　　　그런 거는 없었어요.

**면담자**　　　그 전부터 유가족들의 모임 등이 만들어져 활동 중이셨죠?

**차웅 아빠**　　　계속 모임은 하고 있었으니까요, 뭐 반별로 모임도 있고. 저희가 계속 분향소에 당직을 서거든요. 그래서 정보 같은 거는 계속 공유가 되죠.

**면담자**　　　그리고 며칠 있다가 다시 국정조사를 요구하면서 국회에서 농성을 하게 됐잖아요. 그 당시에는 어떠셨어요?

**차웅 아빠**　　　그거는 정확히 기억이 안 나요.

**면담자**　　　그러면 거기서 주로 어떤 활동을 하셨죠?

**차웅 아빠**　　　같이 여러 가족들 가는데 참석해서 거기에 조금이라도 도움을 주고, 우리가 발언을 세게 하려면 아무래도 사람이 많아야 되잖아요. 그래서 같이 움직여 준 거죠. 제가 뭐 앞에 나서가지고 그렇게 한 적은 없구요. 같이 거의 동조하는 생각으로 해서 따라간 거죠.

면담자     특별히 기억에 남는 장면이 좀 있으세요?

차웅 아빠     그때 KBS 가가지고 청와대까지 걸어가는데, 엄청 추운 날씨였거든요. 근데 저희들은 준비도 않고 가가지고, 이제 그때 시민들이 모포 나눠주고 해서 어렵게 어렵게 해서 걸어서 간 기억이 있구요. 그다음에 그 앞에서, 무슨 동이더라… 청운동 동사무소 [주민센터] 앞에, 그때도 고생 많이 했죠, 비 오고 그래 가지고.

면담자     그때 어떤 느낌이셨어요?

차웅 아빠     글쎄요. 뭐 대통령 만나러 갔는데 일단 못 만났잖아요. 지금도 마찬가지지만 '우리가 이 나라 국민이 맞는 건지…'라는 생각을 자주 하게 되더라구요. 그 정치인들이 말로만 "국민, 국민" 하지 실제 국민들 생각하는 건 쥐꼬리만큼도 없거든요, 정치적으로 이용만 해먹는 거지. 그런 생각들이 더 깊게 들더라구요.


## 8
## 천만 서명운동과 국회 농성, 프란치스코 교황 방문 이야기


면담자     세월호 특별법 제정 천만 서명운동 같은 경우는 어떤 방식으로 참여를 하셨었어요?

차웅 아빠     그때는 반별로 전국 버스투어를 했잖아요. 반별로 해가지고 시간 되는 사람들끼리, 안 되는 사람들은 어쩔 수 없고.

저도 회사 연차 내고, 주말 껴서 연차 내고 그렇게 참석을 했거든요. 각 반별로 지역이 할당이 됐어요. 그래서 몇 반은 어느 지역, 어느 지역, 할당이 돼가지고 버스 타고 가게 된 거구요.

면담자      어디서 그걸 하셨었어요?

차웅 아빠      뭐 전국 다 갔죠. 부산, 울산, 거의 다 갔죠.

면담자      아버님은 어디로 가셨는지요?

차웅 아빠      저는 울산도 갔었고, 부산도.

면담자      울산, 부산이요. 그때 시민들 반응이나 이런 것들은 어떻던가요?

차웅 아빠      특히 울산 쪽은 좀 많이 냉담한 게 좀 있었구요. 부산 쪽은 그래도 그 서면 쪽에 가서 저희가 했는데, 그 부산, 경상도 지역이면 우리하고는 뜻이 좀 다른 데잖아요. 그래서 좀 걱정 많이 했었어요. 그런데 걱정했던 것보다는 굉장히 호응이 괜찮았던 것 같아요.

면담자      울산은 그냥 기대했던 것처럼?

차웅 아빠      울산은 저기를 갔었어요. 현대중공업에 들어가서 거기서 많이 도와줬고요. 부산은 부산시 쪽에 같이 활동하는 사람들이 있어서 그쪽 사람들이 많이 도와줬죠.

면담자      그리고 특별법 제정 촉구 국회 농성이 119일간 있었는데요, 거기에는 어떤 방식으로 어떻게 참여하셨어요?

차웅 아빠    그거는 거의 참석을 못 했구요. 저녁에만, 주말하고 퇴근하고 저녁에 가서 이렇게 가서 참석만 했습니다.

면담자    퇴근하고 국회 농성장에 가서 계시다가 다시 집으로 돌아와서 자고 출근하시고?

차웅 아빠    그런 적도 있었어요.

면담자    그걸 조금 더 자세하게 기억을 더듬어주세요.

차웅 아빠    글쎄요…. 거기 국회 들어가기가 일단은 힘들었거든요, 일단 나오면. 나오면 들어가기가 힘들어 가지고 안에 국회의원들 좀 아시는 분들 있으면 그쪽 보좌관들 통해서 그 차 타고 들어간 적도 있고, 그런 식으로 숨바꼭질해서 들어가고 막 그랬어요. 일단 들어가면, 나오면 들어가기가 힘드니까 보통 한 2, 3일씩 있다 이렇게 나오고 그랬었거든요. 그래서 저녁에 가는 거는, 거기 밴드[가족협의회 SNS]상에 "좀 사람이 많이 필요하다, 모여달라" 그러면은 이제 도움이 될까 싶어서 저녁에 간 적도 있고 그랬어요.

면담자    국회 농성은 장기간이었기 때문에 계속 같이하실 수는 없었고, 주말이나 이런 때 같이하셨겠네요.

차웅 아빠    주말에밖에 시간이 안 됐죠.

면담자    조금 다른 얘기긴 한데요. 장례 치르고 나서 바로 직장생활을 계속하셨어요?

차웅 아빠    저는 그렇죠. 거의 한 일주일 정도 쉬고 바로 출근을 했어요, 이제 맡은 일이 좀 있다 보니까. 그때 당시에는 이게 [유가족들의 공간이] 형성이 안 돼 있어서 애 장례 치르고 저도 못 나갔어요. 집에만 있었어요, 한 일주일 동안…. 그리고 직장 다니면서 그 임시분향소가 저쪽 [올림픽]체육관에 있었잖아요. 거기를 거의 한참 있다가 나갔는데, 며칠인지는 모르겠는데, 거기 가가지고 이제 진도에서 올라오신 부모님들 만나고 모임 해서 가족협의회 비슷하게 형성이 되고, 그러면서부터 활동을 했죠.

면담자    가족협의회에서 어떤 걸 맡으신다든가, 이런 거는 없으시구요?

차웅 아빠    그거는 안 했어요.

면담자    알겠습니다. 그 부분이 궁금해서 여쭤봤구요. 그리고 세월호 특별법 제정을 촉구하면서 안산에서 광화문까지 도보행진에 참여하셨다고 하셨는데요.

차웅 아빠    안산에서 광화문 [도보행진은] 제가 안 했고요.

면담자    그러면 광화문에서 프란치스코 교황 오셨을 때, 그날 이야기를 해주세요.

차웅 아빠    그날 무슨 얘기를 해야 되나?

면담자    그날 안산에서 어떻게 가셨고….

차웅 아빠    저희가 교황이 온다고 그래 가지고, 그때 당시에 종교계 쪽에[의] 도움이 거의 없었잖아요. '교황이 박근혜를 만나서 이렇게 얘기를 하면 우리가 바라는 게 될 수 있지 않을까' 그래서 저희가 이제 모이게 됐구요. 거기서 우리가 요구한 것도 그런 거였고, 근데 결국은 뭐 잘 안 됐지만. 교황이 얘기는 해주고 갔어도 정부에서 안 받아줬으니까 결국은 안 된 거나 마찬가지로 됐죠. 저희가 교황이 딱 지나갈 때 플래카드 써가지고 들고 막 피케팅하고 그랬는데, 보셨는지는 모르겠네요.

면담자        교황님이 그때 차량에서 내리셨잖아요. 내려서 그 유민 아빠….

차웅 아빠       내렸어요.

면담자        내려서 유민 아빠를 만났죠.

차웅 아빠       네.

면담자        그때 그 근처에 같이 계셨던 거죠?

차웅 아빠       거의 다 근처에 다 있었죠, 가족들은. 한가운데 다 모여 있었죠.

면담자        그때는 누구와 같이 가셨었어요?

차웅 아빠       그때 집사람도 있었구요. 누구라기… 다 유가족들이죠, 다른 반 가족들 다….

면담자        그때 특별한 역할을 하셨던 거는 아니었나요?

차웅 아빠       그렇죠. 그때는 그쪽에 가운데 갇혀가지고 뭐 전혀 다른 건 할 수가 없었구요. 교황이 지나가는 방향으로 저희가 움직이면서 잘 보이라고… 그것밖에 없었죠. 저희 막 밖으로 표출해야 되니까, '우리가 와 있다'는 거를…. 그거밖에 없었죠, 소리 지르고.

## 9
### 청운동주민센터 농성과 동거차도 감시단 활동

면담자 　　청운동주민센터 농성은 어떤 방식으로 하셨는지요?

차웅 아빠 　　거기도 적극적으로 하지는 못하고… 어차피 제가 직장 다니다 보니까 주말에 가야 되고, 주말에 가서 이제 같이 뭐 피케팅도 하고, 청와대 앞에서나 길거리에서 피케팅하고 그런 거 많이 했죠.

면담자 　　그때 시민들의 반응이나 이런 것은 어땠나요?

차웅 아빠 　　그때는 무슨 시민들 반응 신경 쓸 여력이 없었던 것 같아요. 물론 그 주위의 사람들은 시끄럽다고 얘기를 하겠지만 저희가 뭐 그런 것까지 생각하고 할 그런 정신은 아니었죠.

면담자 　　그러면 안산에서 팽목항까지 19박 20일 동안 도보 행진할 때, 다 하지는 못하고 중간중간 하셨다고 그러셨죠?

차웅 아빠 　　제일 마지막하고, 중간 한두 번 [참가했어요].

면담자 　　어느 어느 구간이셨어요?

차웅 아빠 　　글쎄, 그거까지는 기억이 안 나고요. 경기[도] 첫날은 못 했구요, 출발하는 날은 못 했고. 출발하고 나서 아마 중간에 합류를 한두 번 했던 것 같아요. 보통 걸으면은 한 3, 4킬로미터 걷다가 쉬고, 걷다가 쉬고. 이제 그렇게 해서 하루 정도 걷다가 또 올라와야 하니까 올라오고, 마지막 팽목까지 걸어갈 때 그때는 끝까지 갔었죠, 그때 갔던 기억….

면담자    그때는 같이 가신 분이 있으셨어요?

차웅 아빠    집사람도 가고 다 같이 움직였죠, 저희는. 집사람하고.

면담자    네. 그러니까 사모님과 계속해서 반에서 같이 움직이셨네요?

차웅 아빠    움직일 수 있는 분들은 거의 다 나왔어요.

면담자    네. 그때 특별히 기억에 남는 경험이라든가 이런 건 없으세요?

차웅 아빠    그때 시민들이 많이 참석을 했구요. 저희가 앞에 있다 보니까 뒤돌아보면 끝이 안 보일 정도로 사람들이 많이 따라왔었어요. 그래서 그… 시간이 지나면 지날수록 뒤에 숫자들이 많이 늘어나 가지고, 처음에 시작할 때는 몇 명 안 돼요. 근데 시간이 지나면 계속 늘어나더라구요. 그리고 뒤돌아보면 끝이 안 보일 정도였으니까. 그때는 참 고마웠죠. 감개가 무량하다고 그래야 되나요? 이 많은 사람들이 똑같은 목소리를 내기 위해서 이렇게 모여준 게 너무 고맙고. 힘든 일이잖아요, 그 걷는 게. 그 힘든 거 생각 안 하고 같이 해준 것도 고맙고 그랬죠.

면담자    삭발식 이후에 1박 2일로 아이들 영정사진 들고 광화문까지 도보행진에도 참석하셨다고 하셨잖아요.

차웅 아빠    그때도 마찬가지죠.

면담자    동거차도 감시단 활동은 어떠셨어요?

차웅 아빠    동거차도는 보통 일주일 들어가 있잖아요, 저는 일주일씩은 참석을 못 하니까. 그래도 거기 가장 가까이서 볼 수 있는 가까운 거리잖아요, 지척이잖아요. 감시는 저희 반별로 갔어요, 감시를. 그래서 감시하러 간 팀은 따로 있었고 저는 이제 주말 시간밖에 안 되니까, 하루 이틀밖에 안 되니까 그때 저는 거기 따라갔죠. 따라서 그 산에 올라가 가지고 그 [감시]하는 장면을 좀 보고, 저는 토요일, 일요일 날 다시 [안산으로] 올라왔죠.

면담자    가서 보시니까 어떠셨어요?

차웅 아빠    [사고 해역이] 바로 지척이에요, 뭐 거리상으로는 한 1.5킬로미터 정도. 근데 그 가까운 거리에서 애들 못 구했다는 게 믿어지지가 않더라구요. (테이블 왼쪽을 가리키며) [세월호] 배가 있으면 (테이블 오른쪽을 가리키며) 옆에는 또 양어장[양식장]에 그 미역 같은 거, 양어장이어 가지고 '애들이 밖으로만 나왔으면은 다 쩌거[양식장 로프]라도 붙들고 있으면 살지 않았겠냐'라는 생각도 들고. 손만 뻗으면 닿을 거린데…… 보니까 가슴만 더 아프죠.

## 10
## 시민들에게 받는 상처와 응원

**면담자**      여러 활동들에 틈틈이 참여를 하셨는데요. 특별히 그중에서 좋았던 거나 힘들었던 거나 가슴 아팠던 경험들이 있다면 어떤 걸까요?

**차웅 아빠**      음… 피케팅 같은 거 하다 보면은 젊은 사람보다는 나이 드신 분들이 지나가면서 말 한마디씩 툭툭 던지는 게 있어요. 뭐 수학여행, 여행가다가 죽었느니, 이제 그만하라느니 별 쌍욕을 하고 지나가요. 나이 드신 분들이 계시거든요. 그럴 때가 제일 가슴이 아프구요. 그 양반들은 말을 해도 설득이 안 돼요. 그래서 웬만하면 외면을 하고 주위에 이제 옆에 시민들이 말려주기도 하는데, 그럴 때가 제일 가슴이 아팠고요. 즐거운 일이라고는… 없죠. 즐거운 게 뭐가 있었겠어요.

**면담자**      즐겁다라기보다는 그래도 조금 좋았던 느낌이나 이런 것들은요?

**차웅 아빠**      좋았던 거는 그 반대 경우가 되겠죠. 지나가는 시민들이 용기를 주고 도움을 주고 힘내라고 한 마디만 해줘도 저희한테는 큰 위안이 되거든요.

**면담자**      아까 그 도보행진 할 때 이렇게 참여하시는 분들이 많았다고.

차웅 아빠    그 도보행진 할 때도 주위에서 응원해 준 사람들이 많이 있었고 그럴 때가 좀 좋았죠.

면담자    지금도 반 모임이나 이런 것들은 계속하고 계시는 건가요?

차웅 아빠    그거는 계속하고 있죠.

면담자    잘 유지는 되나요?

차웅 아빠    어… 좀 어려워요.

면담자    어떤 부분이?

차웅 아빠    반 모임을 따로 하는 건 아닌데, 저희가 분향소 당직을, 10[개] 반이니까 열흘에 한 번씩 서거든요. 처음에는 저희 [반]도 20명도 나오고 그랬는데 시간이 가면 갈수록 줄더라구요. 지금은 많이 나와야 한 6명 정도.

면담자    가족협의회나 아니면 다른 곳에서 활동하시는 건 있으세요?

차웅 아빠    그거는 직장 다니다 보니까 못 하죠. 지금도 뭐 모임이 있거나 같이 행동할 때나 되면은 시간 좀 내서 참석은 해도 주도적으로는 못 하고 있습니다.

면담자    사모님 같은 경우는 아까 합창단에서 활동하신다고 하셨죠?

차웅 아빠   네, 합창 다니고, 그다음에 이제 그 꽃누름이[압화]라고 거기 강사자격증 따서 같이 엄마, 아빠들 하면 도와주는 그런 작업하고, 전시회도 하고 뭐 그렇죠.

면담자   혹시 온마음센터나 이런 데 가서 상담을 받는다거나 치료 도움은 안 받으셨어요?

차웅 아빠   전에는 거기 안마하는 데 다녔었구요, 지금은 안 다니지만. 그리고 최근에는 뭐 공부방 한다고 해서 한 번 참석한 적 있어요.

면담자   공부방이요?

차웅 아빠   네.

면담자   그 활동을 조금 더 이야기해 주시겠어요?

차웅 아빠   그거는 스피치에 대한 건데요. 4월 달에 시작했는데 첫날은 못 나가고 두 번째. 일주일에 한 번씩 가거든요, 화요일 날. 근데 이제 그것도 지금 요 목포 [선체 인양] 일 때문에 중단이 되어 있는 상태고. 거기는 이제 얘기하는 방법이라든가 이런 거 가르쳐 준다 그래서 참석을 하고 있었죠.

면담자   그러니까 특별히 관심을 가지고 하시는 활동이 있는 거는 아니네요?

차웅 아빠   없습니다.

면담자　　　그러면은 유가족분들 중에서 특별히 교류가 있는 분들은 주로 같은 반 부모님들이신 건가요?

차웅 아빠　　　반에 있는 분들하고 주로 활동하시는, 분과장 맡고 계신 분들은 이제 다 알죠. 그중에 몇몇은 잘 아는 사람도 있는데 이제 뭐 그냥 아는 정도죠.


## 11
## 참사를 방관하는 정부

면담자　　　이런 과정에서 정부나 시 당국 등에서 어쨌든 도움을 주기도 했는데 거기에 대해서 느낌은 어떠세요?

차웅 아빠　　　교실 지키는 거 말씀하시는 건가요?

면담자　　　아니요, 전반적으로 다 4·16과 관련해서요.

차웅 아빠　　　글쎄요, 뭐 정부에서 도움을 전혀 안 주진 않았죠. 도움을 많이 주긴 했는데, 저희가 진정으로 바라는 것들은 해주는 게 하나도 없죠. 학교 교실문제도 그렇고 특별법도 그렇고, 저희가 진정으로 원하는 거를 정부에서 들어준 거는 없었던 것 같아요. 보면은 선심 쓰듯이 조금, 조금씩 해주긴 했어도 정부에서 특별히 해줬다고 생각이 별로 안 들어요.

면담자　　　그 정도는 당연히 정부가 해야 되는 의무인 거죠. 그리고 안산시에서의 대응이라든가 이런 것들에 대해선 어떻게 생각하세요?

차웅 아빠    안산시도 보면은 저희[를] 적극적으로 도와주고 있지는 않은 것 같아요. 이제 제종길 시장님이 시장이긴 하는데, 저희 모임 현장에 집회하고 그러면 오시긴 오셔요. 오시는데, 행정적으로 도움을 많이 주기는 하시는데, 우리[가] 진정 바라는 것들은 좀 약간 회피하시는 것 같아요.

면담자    진정 바라는 거라면 어떤 걸까요?

차웅 아빠    지금 당장 따지고 보면 추모공원 짓는 것부터 시작을 해가지고, 거기에도 시에서 나서가지고 적극적으로 나서서 반대하는 사람들 설득도 좀 해주고, 그리고 우리가 어떻게 조성하겠다는 그 안이 있거든요. 그거에 대한 설명도 좀 시에서 나서서 해주고 그러면 조금 수월해질 것 같은데…. 보면은 거의 그냥 뒤에서 구경만 하시는 것 같더라고요.

면담자    시가 조금 더 적극적으로 나서면 추모공원 짓는 문제 등이 그래도 좀 수월하게 풀릴 것 같은데 뒷짐을 지고 있는 모양이네요.

차웅 아빠    저희 '유가족들하고 시민들하고 풀어라'는 식으로 냅두는 것 같아서 참 많이 서운하죠.

면담자    교실 옮길 때는 느낌이 어떠셨어요?

차웅 아빠     그때도 어차피 교육청이 중간에서 하는 일이 없었죠. 저희가 느끼기에는 우리 가족들하고 현 학부모들하고, 학교에 있는 학부모들하고, 어떻게 보면은 둘이 알아서 해결하라는 식으로 거의 뭐 방치하다시피 했죠. 중간에 나서서 중재역할도 좀 해주면 그러면 되는데 저희가 그 사람들하고[재학생 학부모들과] 싸우고 했잖아요. 그래서 이제 결국은 우리 애들도 학생이고, 현재 있는 애들도 학생이고 [하니까] 걔들 생각해서 저희가 물러나긴 했는데, 그것도 좀 교육청이나 시한테 아쉬운 게 많죠. 저희가 그거 학교 교실 보존했으면 하는데 결국은 못 했잖아요. 그대로 옮기긴 한다는데……

면담자     옮기는 데는 가보셨어요?

차웅 아빠     한 번 가봤어요.

면담자     옮긴 데는 어떠세요?

차웅 아빠     가면은 좁아 가지고… 굉장히 좁아요(한숨). 시에서, 교육청에서 장소 마련해 준 것까지는 뭐 고맙다 그래야죠. 근데 그 글쎄요…. 한 번 가보고 나서는 안 가봐지더라구요.

면담자     전에 교실에는 자주….

차웅 아빠     교실은 자주 갔죠.

면담자     안 가시게 되는 이유는 어떤 것일까요?

차웅 아빠     글쎄요… 뭐 한 번 가보고 나서 가고 싶은 마음이 안 들었으니까 뭐라고 설명을 못해요.

면담자　　교실은 아이가 머물던 공간인데 지금 옮겨간 곳은 솔직히 그런 자취나 흔적들 같은 것들이 남아 있지도, 느껴지지도 않는 그런?

차웅 아빠　　그럴 수도 있죠. 뭐 거기 똑같이 옮겨 놓긴 했는데, 아무래도 인제 틀리니까, 분위기가….

면담자　　지금까지 4·16 이전부터 4·16 이후에 여러 가지 투쟁경험이라든가 이런 것까지 말씀을 해주셨거든요. 여기서 특별히 [더] 말씀을 해주고 싶으신 것이 있으실까요?

차웅 아빠　　저희가 이렇게 투쟁도 하고 항의도 하고 노력을 많이 하잖아요. 여러 분들이 고생을 하는데, 지금도 아쉬운 게 정부나… 정부라 그래야 되겠죠. 거기에서 저희가 바라는 거를 모르는 것 같아요, 우리가 뭘 바라는지. 지금 뭐 당장 진도, 목포에 있는 일만 따져봐도 그 사람들 안중에 없는 것 같기도 하고.

면담자　　목포에서 있는 일이 안중에 없다고 이야기를 하시는 구체적인 이유가 있나요?

차웅 아빠　　보면은 해수부에서 하고 있는 일에서 거의 유가족들은 배제를 시켜놓은 상태에서 그냥 통보식이라든가, "뭐 했다, 뭐 하겠다" 통보만 하는 거지, 저희가 싸워서 보여달라고 그래야 그때 보여주고 스스로 알아서 하는 게 하나도 없잖아요. 저희가 그 배

들어오는 것도 가서 보겠다고 그러는데 못 보게 해서 또 싸워서 들어가서 보고, 지금도 거기 가보면은 텐트 처놓고, 컨테이너 있는데에. 지금도 하루에 두 번씩 들어가서 [세월호를] 볼 수는 있거든요. 처음에는 그것도 허락을 안 해줬어요. 그런 것들을 보면은 지금 배 인양해서 육상으로 올리는 것도 보면은 주먹구구식으로 하는 것 같고, 계획도 없이 하는 것 같고, 뭐 그런 유가족들한테 통보해 주는 것도 아니고…. 무시당하는 기분이 많이 들죠. 이 사람들이 진짜 우리를 유가족으로 생각을 하는 건지, 그런 생각도 들고.

면담자     일단 통보나 이런 것만 잘 해줘도 마음이 조금 풀릴 것 같은데….

차웅 아빠     그렇죠. 진행되는 상황을 알려주고 "어떻게 하겠다" 일정도 알려주고 그러면 좋죠. 굳이 꼭 가서 소리를 지르고 싸워야 해주는 것보다는…….

면담자     정부가 그렇게 대응을 하는 이유는 어떤 거라고 생각을 하세요?

차웅 아빠     뭔가 숨기려고 하는 게 있으니까 그렇다고 생각을 하죠, 뭔가 숨길려고 하니까. 배 올라가는[인양하는] 것도 막말로 하루 만에, 이삼 일 만에 배가 올라왔는데 3년을 기다렸잖아요. 결국은 이제 감추려고 하는 게 많다 보니까 그렇게 하는 것 같아요.

면담자     그러면 정부가 바뀐다고 하더라도 크게 기대는 안

하세요?

차웅 아빠　　　그렇죠.

면담자　　　기대를 안 하시는 이유는 어떤 걸까요? 공무원들이 그래도 바뀌지 않을 거다?

차웅 아빠　　　그렇죠, 안 바뀌죠. 지금 뭐 대통령이라고 나와 있는 사람도 다 똑같은 사람이니까. 이게 새로운 사람이 올라오니까 기대는 하겠지만 그 기대치에 크게 못 미칠 거라고 생각을 하죠. 현 정부나 차기 정부나 마찬가지일 거라고 생각을 합니다.

면담자　　　알겠습니다. 오늘은 이 정도로 마치겠습니다. 수고하셨습니다.

차웅 아빠　　　고생하셨습니다.

# 2회차

2017년 4월 20일

1  시작 인사말

2  진상 규명 활동 참여의 의미

3  참사 후 가장 힘든 일과 사람들로부터 받은
   위안

4  가족관계의 변화

5  세상에 대한 관점의 변화

6  이사를 하게 된 계기

7  진상 규명의 의미

8  차웅이는 제 아들입니다.

# 1
## 시작 인사말

면담자　　　본 구술증언은 4·16 사건에 대한 참여자들의 경험과 기억을 기록으로 남김으로써 이후 진상 규명 및 역사 기술에 기여하고자 합니다. 지금부터 정윤창 씨의 증언을 시작하겠습니다. 오늘은 2017년 4월 20일이며, 장소는 안산시 단원구 세승빌라입니다. 면담자는 이호신이며, 촬영자는 강재성입니다.

# 2
## 진상 규명 활동 참여의 의미

면담자　　　지난 1차 구술 이후에 어떻게 지내셨나요?

차웅 아빠　　뭐 특별한 건 없었죠. 지난번 광화문에 촛불집회 갔다 오구요, 지난 기억식 할 때 안산에 있었고. 그리고 뭐 회사 왔다 갔다 하고, 별일 없었어요.

면담자　　　1차 구술 때가 세월호가 막 인양이 돼서 올라왔던 시점이었는데, 목포에는 한 번 다녀오셨어요?

차웅 아빠　　목포는 처음 배 들어온 날 주말에 갔다 왔구요.

면담자　　　그러면 저희 1차 구술하기 전에?

차웅 아빠      그 전에 갔다 왔고, 아직은 [더는] 못 갔어요.

면담자      기억식에는 어느 분과 어떻게 참석하셨나요?

차웅 아빠      저하고 집사람하고, 그다음에 조카도 둘이 와가지고 같이 참석했습니다.

면담자      지금 3주기인데요, 주말에 혹시 차웅이한테는 다녀오셨어요?

차웅 아빠      16일 날.

면담자      네, 그 16일이 3주기니까요.

면담자      오늘 구술에서는 4·16 이후에 선생님과 가족의 삶이 어떻게 변화되었고, 여러 투쟁과 활동 속에서 어떤 깨달음이나 이런 것들이 있었는지, 또 3년이 지난 지금 아이가 선생님한테 어떤 의미로 남아 있는가 등을 여쭤보려 합니다. 쉽게 답하기 어려운 질문일 수도 있는데요, 충분히 시간을 가지고 천천히 답변을 해주시면 됩니다. 지난 3년 동안 꾸준히 활동을 참여하고 계시잖아요. 그럴 수 있었던 가장 큰 이유는 어떤 거라고 생각하십니까?

차웅 아빠      저는 다른 분들처럼 많이 참석은 못 하구요. 거의 주말에 시간 나면 한 번씩 참석하고 그러는데, 그 이유는 뭐 다 똑같겠죠. 내 아이가 죽었는데 그… 지금 저희가 밝히려고 하는 거지만, 배가 침몰해 가지고 왜 침몰했는지, 침몰했는데 또 왜 애들은 구하지 않았는지, 그런 것들 밝히기 위해서 지금 활동을 하고 있는 거죠.

면담자   지난 활동 과정에서 좀 아쉽거나 후회되는 점은 없으세요?

차웅 아빠   음…(한숨) 뭐 후회되는 거는 없구요. 좀 아쉬운 면이라고 그러면은 조금 전에도 말씀드렸듯이, 더 적극적으로 활동을 많이 하고 아이들 위해서 좀 많이 일을 했어야 되는데 그렇지 못한 점이 좀 있구요. 그리고 이제 그 과정에서 그… 이제 관련된 해경이나 정부 측 이런데서 저희가 밝히려고 하는 거에 대해서 굉장히 부정적이고 도움을 안 줬다는 게 아쉽긴 하죠.

면담자   계속 도움을 안 주고 있다고 생각하시는 거죠?

차웅 아빠   네, 그렇습니다.

면담자   그리고 아이들을 구하지 않았다고 생각하고 계신 거고요?

차웅 아빠   네.

면담자   그렇게 생각하시는 정황을 조금 더 구체적으로 말씀해 주실 수 있으세요?

차웅 아빠   그런 거는 이제 언론에도 많이 나왔는데, 이제 제가 팽목에 가 있지 않아서 실제로 보지는 못했구요. 동영상이나 가족들이 올려놓은 동영상이나 보면은 언론상에 나타난, 언론상으로 이야기하는 것하고 실제로 가서… 실제로 구조하지 않는 영상들을 많이 봤거든요. 그리고 이제 헬기라든가 선박 같은 거, 어선들이

다가가서 구조하려고 하는데 방해했다는 거, 그런 것도 있고요. 그 다음에 미국 함정이 가까운데 있었는데 그쪽 도움도 거부했다는 것도 제가 들었고요. 그런 거 여러 가지를 보면 구조하지 않으려고 했다고 판단이 될 수밖에 없더라구요.

면담자    혹시 그 '구조하지 않으려고 했다'라는 게 무슨 음모나 이런 것들이 있다고 생각하시는 건가요?

차웅 아빠    그런 거야 있으면 안 되겠지만, 그렇게 생각을 하게끔 하니까 상황이 그렇게, 생각이 그쪽으로 갈 수밖에 없죠.

면담자    몇 주 전에 MBC에서 'PD수첩인'가요? 거기서 세월호 문제를 다뤘었잖아요.

차웅 아빠    지난주 거는 제가 못 본 것 같아요.

면담자    못 보셨군요, 예.


## 3
## 참사 후 가장 힘든 일과 사람들로부터 받은 위안


면담자    그러면은 지난 3년 동안 아버님을 제일 힘들게 했던 일들은 어떤 일들이었을까요?

차웅 아빠    어… 힘든 거라고 그러면 뭐 다른 가족도 마찬가지겠지만 일단 아이가 이제 보고 싶을 때, 그게 이제 보고 싶거나 만져주고 싶을 때 그럴 수 없다는 현실을 알았을 때, 느꼈을 때가 가장 힘들구요.

면담자　　　언제 그런 걸 가장 느끼세요?

차웅 아빠　　뭐 길 가다가도 이제 그 나이 비슷한 애들이나 고등학생들 보게 되면 생각이 나구요. 또 집에 가면 아이 방이 있으니까 또 거기 가면 생각이 나고… 그런 경우는 많이 있죠. 뭐 매일 직장생활을 해도 회사에서 이제 시간이 짬이 나면 또… 그게 또 생각이 나고 그렇죠.

면담자　　　아이 방은 안 치우고 그대로 놔두고 계신 거예요?

차웅 아빠　　네, 그렇게 됐습니다.

면담자　　　안 치우고 놔두시는 거는 그냥 계속 기억하고 계시려고?

차웅 아빠　　네, 그렇죠. 그런 것도 있고, 또 처음에는 저희 아이가 제일 먼저 나왔잖아요. 좀 지나서 이제 제가 치우려고 하다가 그 집사람이 치우지 말자고 그래 가지고 일단 치우진 않았는데요. 일단 잘 했다고 생각을 하구요. 거기에 가면은 이제 아들 냄새도 맡을 수 있고 체취도 느낄 수 있고, 그러기 때문에 자주 들어가죠, 방에도.

면담자　　　지난 3년 동안이 제일 힘든 시간이셨겠지만 위안이 되거나 그런 부분들도 있었을 거라고 생각이 되는데요. 그런 건 어

65

떤 것이 있을까요?

차웅 아빠    위안이 된다고는…… 제가 이제 여러 활동을 하면서… 저희가 좀 어려운 사고를 당했잖아요. 그래서 전국을 좀 다니다 보면은 그래도 그 어려운 사람들 위해서 위로해 주고 또 안아주고 또 같이 아픔을 [공감]해 주는 사람, 국민들이 많이 있었다는 거, 그런 거를 많이 느꼈구요.

면담자    언제 그런 거를 느끼셨는지 구체적으로 이야기해 주실 수 있으세요?

차웅 아빠    전에 서명전 다닐 때도, 서명전 저희가 제일… 제가 한 번 운 적이 있는데, 그때 거기가 아마 부산이었을 거예요. 부산에 가가지고 길거리에서 서명전 하고 있는데 어느 분이 오셔가지고 이렇게 안아주면서 힘내라고 그러시더라구요. 그래서 그때 쫌 울컥한 적이 한 번 있었죠. 그런 경우도 있고…. 이런 간담회나 또 많은 행사들을 하시잖아요, 저희 가족 불러가지고. 그런 데에 가면은 많은 위로를 받고 오죠.

면담자    그런 위로를 받으시는 게 계속 활동에 참여를 하시게 되는 원동력으로도 작용하는 걸까요?

차웅 아빠    그것도 없다고 할 수 없죠.

면담자    실제로 함께하는 유가족들 속에서 그런 느낌을 받으실 때도 있을 것 같은데요?

차웅 아빠    아무래도 이제 아이들을 이야기를 하려면, 아이들 얘기를 하고 서로 듣고 하려면은, 같은 환경에 있는 사람들끼리 가능하잖아요. 저도 다른 사람들하고는 세월호 얘기를 안 해요, 안 하고. 단지 이제 가족들이 모였을 때 그때 이제 아이들 자랑도 하고 또 상대편이 자랑하면 들어주기도 하고… 그런 걸로 해서 좀 위로도 많이 받고 어떻게 보면 속에, 내 안에 있는 이런 것들을 풀 수도 있고 그렇죠.

면담자    그렇게 만나는 분들은 주로 같은 반 부모님들인가요?

차웅 아빠    같은 반도 있구요. 저희가 이제 열흘에 한 번씩 분향소 당직을 서니까 그날도 가능한 거고, 다른 가족들 만났을 때도 가능하죠.

면담자    특별히 어떤 분들과 집중적인 관계나 이런 것들이 있으신 건 아니네요.

차웅 아빠    그거는 없어요.

면담자    그냥 두루두루 이제 만나시는 분들과?

차웅 아빠    이제 뭐 행사 다니다 보면 안면 있는 분들이 계시니까, 그런 분들하고 얘기하고 술도 한잔 먹고 그러죠.

면담자    그럼 직장 내에서는 어떠세요?

차웅 아빠    직장 내에서는 얘기를 안 하죠. 다른 사람들도 저한테 그런 얘기는 안 하고 저도 이제 안 하고. 회사 내에서는 거의 그런 얘기는 없어요. 간혹 관심 가지시는 분들은 내가 어디 갔다 오면 "잘 갔다 왔냐"는 식 그 정도, 뭐 그 정도죠.

면담자    주변 분들이 이렇게 특별히 힘들게 한다거나 뭐 그러시는 건 없고요?

차웅 아빠    직장 내에서는 없어요.

면담자    그러면 직장생활 하시는 데 별다른 문제나 어려움 같은 건 없으신 거죠?

차웅 아빠    그렇죠.

면담자    간혹 그런 분들이 계시더라구요. 그래서 여쭤본 거구요.

차웅 아빠    저희는 없어요.

면담자    네.


## 4
## 가족관계의 변화


면담자    지금 사모님과 같이 활동하고 계시는 거죠?

차웅 아빠    네, 그렇죠.

면담자    사모님과는 특별히 참사 이후에 관계가 더 나빠졌다거나 이런 것은 없죠?

차웅 아빠　　그거는 없구요. 뭐 더 가까워졌다고 그러면 더 가까워졌다고 볼 수가 있겠죠.

면담자　　더 가까워지셨다고 하시는 건 어떤 측면에서 그럴까요?

차웅 아빠　　아무래도 이제 서로 마음을 헤아려줘야 되기 때문에. 물론 같이 사고를 겪었지만 이제 아무래도 집사람은… 특히 또 여자들이 더 그쪽에 마음을 많이 다치잖아요. 나는 이제 서로 마음을 헤아려주려고 하는 거죠.

면담자　　그러면 아버님도 어머님한테서 가장 위안을 받으신다고 볼 수도 있는 건가요?

차웅 아빠　　글쎄요. (웃으며) 그렇게 표현을 해야 되나요?

면담자　　차웅이 형은 어떻게 지내고 있나요?

차웅 아빠　　군대 가서 이제 8월 달에 제대거든요. 이제 얼마 안 남았는데, 군대를 저희가 일부러 서둘러서 보냈어요. 집에 있으면 자꾸 이제 두 사람 모습을 보다 보면 저도 힘들 거고, 그래서 군생활에 집중을 하게 되면 좀 나을까 싶어서 군대를 좀 서둘러서, 한 6개월쯤 더 서둘러서 보냈죠.

면담자　　그러면 참사가 나고 나서 이제 ○○이가 어려움을 조금 겪었던 모양이죠?

차웅 아빠    글쎄요. 뭐 남자다 보니까 말을 많이 안 해서… 저희도 계속 밖으로 돌고 그래서 많은 대화는 못 해봤는데요. 우리가 보기에 힘들어하는 것 같았어요. 근데 엄마하고는 얘기를 자주 많이 했더라구요. 그 군대를 빨리 보내게 된 동기가 그런 이유가 좀 있죠.

면담자    그러면 차웅이 엄마 통해서 들은 이야기나 이런 것들은 없으세요? 가능한 구체적으로 좀 이야기를 해주세요.

차웅 아빠    구체적인 거라… 당장 생각은 안 나는데요. 아주 특별한 그런 거는 없었어요.

면담자    참사 이후 굉장히 힘들어해서 그런 것들을 조금 극복하려고 군대를 보내신 건데, 지금은 잘 지내고 있는 건가요?

차웅 아빠    지금은 저희가 일주일에 한 번 정도 통화를 하는데요, 잘 지내고 있는 것 같아요. 저희가 면회를 딱 한 번밖에 못 갔거든요. 지금 잘 지내고 있습니다.

면담자    면회를 못 가신 거는 다른 활동하느라고 그랬던 건가요?

차웅 아빠    멀어서, 부산이라.

면담자    부산이라서요.

차웅 아빠    그런 것도 있죠.

차웅 아빠 정윤창

면담자　　　휴가도 몇 번 나왔을 텐데요.

차웅 아빠　　휴가는 한 세 번 정도 나왔어요.

면담자　　　휴가 나와 만날 때는 좀 괜찮아 보이던가요?

차웅 아빠　　많이 좋아진 것 같았어요. 오면은 친구들도 만나고,
또 이쪽에 형제자매들 모임이 있어서 그쪽도 만나고 그렇게 하더
라구요.


## 5
## 세상에 대한 관점의 변화


면담자　　　그러면 4·16의 경험이 아버님께서 세상을 바라보는
관점이나 삶에 대한 태도에도 변화를 가져왔다고 생각하시나요?

차웅 아빠　　조금은 가져왔다고 봅니다. 뭐 많이 바뀐 건 아닌
데… 일단은 사회를 바라보는 게 조금 달라졌다고 생각을 해요, 국
가나 이런 국민들이나. 그다음에 내가 살아온 거를 좀 반성하는 면
도 좀 있구요. 지금까지 보면은 조금 무관심했다고 그래야 되나요.
사회에서 일어나는 일들에 대해서 거의 뭐, 직장생활만 하다 보니
까 좀 많이 무관심했었죠, 정치적이나 사회적인 이슈나 이런 데에
대해서. 근데 이제 제가 이런 아픔을 겪으면서, 또 많은 도움을 받
고 그러다 보니까 조금 사회를 보는 관점이 좀 달라진 것 같아요.

면담자　　　그 관점이 달라진 부분이 이렇게 다른 사람들의 삶이나 이런 부분부터 정치적인 문제에 이르기까지 관심을 가지게 되었다는 의미이신 거죠?

차웅 아빠　　네, 그렇게 된 것 같아요.

면담자　　　그거 말고 또 다른 것은 없을까요? 아까 가족에 대한 이야기를 조금 해주셨는데 가족에 대한 것들도 좀 변화가 있지 않을까, 생각이 들기도 하거든요.

차웅 아빠　　가족에 대한 거는 이제 저희가 애를 이제 갑자기 보내게 된 거잖아요. 그러다 보니까 '이게 남의 일이 아니구나. 언제라도 생길 수 있는 일이고, 나한테도 또 생길 수도 있는 일이다'. 그래서 이제 조카들이라든가, 부모 형제들한테 더 잘하게 되는 것 같아요. 먼저 관심도 많이 가져주고, 조카들 오랜만에 오면 좀 안아주는 것도 생겼고, 안아주기도 하고 말도 좀 따뜻하게 하고 그런 거는 많이 바뀌었어요. 제가 차웅이 보낼 때 아침에 인사도 제대로 못 하고 수학여행을 보냈었거든요. 그게 굉장히 아쉽고 지금도 후회스러운데, 그런 일이 또 생길 수도 있으니까 그때, 볼 때마다 따뜻하게 안아주고 그런 습성이 좀 생겼죠.

면담자　　　아까 사회를 바라보는 눈이 조금 바뀌셨다 그랬는데 국가가 어떤 역할을 해줘야 한다고 생각하세요?

차웅 아빠　　국가는 자국의 국민을 보호해 주는 게 큰 의무 아닌가요?

면담자　　　네, 그렇겠죠.

차웅 아빠　　그 의미에서 보면 이번 일에 대해서 국가는 큰 역할을 못 했다고 생각이 들어요. 그래서 그… 이제 저희가 이런 뭐 집회 다니면서 이렇게 싸움해 보면 국가라는 게 굉장히 좀 무섭다는 생각이 들기도 하구요. 국가에서 정치하는 사람들이 무서운 거죠. 정치하는 사람들이 굉장히 무서워졌구요.

면담자　　　"무섭다"라고 하시는 거는 어떤 맥락인 거죠?

차웅 아빠　　저희가 이렇게 싸워오면서 가장 처절하게 느낀 게 그 사람들 말들을 일단 믿을 수가 없게 되었구요. 그다음에 그 입으로는 국민, 국민 하면서도 실제로 자기들 이익 앞에서는 국민들도 무시를 할 수 있는 사람들, 그런 사람들이라는 거를 알게 되었죠.

면담자　　　그러면 정치인들이 다 그렇다고 생각을 하세요?

차웅 아빠　　대부분 다 그렇다고….

면담자　　　대부분이라고 하면 그렇지 않은 사람들보다는….

차웅 아빠　　그렇지 않은 사람들도 있겠죠. 100퍼센트는 아니겠죠.

면담자　　　경험적으로 느낀 것들을 조금 이야기를 해주신다면?

차웅 아빠　　뭐 그게 경험적이라는 것보다도요, 그 현 민주당이나 뭐 한나라… 새누리, 지금은 자유[한국]당인데, 그런 사람들이 저희가 특별법 만들고 그다음에 특별조사위원회 해체할 때도 이런 것들을 굉장히 반대를 많이 했는데, 그럴 때도 보면은 '아, 저 당이나 저 사람들은 우리를 도와줄 수 있겠다' 싶었는데 결국은 자기 당의 이익 때문에 그거를 제일 외면하는 경우가 많이 있었던 것 같아요.

면담자    민주당 같은 경우에는 돕고 싶었지만 의석수가 안 돼서 못 했다고 생각하지는 않으시고요?

차웅 아빠    그거는 의석수가 부족도 했지만 나는 그 의지라고 보거든요.

면담자    의지가 부족했다?

차웅 아빠    문재인 대표도 그렇고, 실명을 거론해서 조금 죄송하긴 한데, 그때 당시에는 이제 저희가 기댈 수 있는 게 문재인 대표밖에 없었으니까….

면담자    단식도 하고 했었잖아요.

차웅 아빠    물론 하셨죠. 저희 위해서 노력은 하셨는데 결과적으로는 뭐 저희가 원하는 대로 되는 건 하나도 없었잖아요. 결국은 그 사람도 힘이 없어서 그럴 수도 있겠지만 제가 보기에는, 제 관점에서는 힘보다는 의지라고 봤거든요. 그래서 그 저희 위해서 단식도 하고 같이 와서, 저희 농성하는 데 와서 얘기도 같이 하고 그러시긴 하셨는데 그래도 조금 아직도 믿음이 조금 덜 갑니다.

면담자    그래서 정부가 바뀐다고 하더라도 큰 기대는 안 하시구요?

차웅 아빠    네, 그것도 있습니다.

면담자    그러면 언제쯤이면 기대하시는 이런 것들이 조금 정리가 될 수 있을까요?

차웅 아빠    글쎄요. 뭐 그거는 알 수가 없죠.

면담자    알 수가 없긴 하죠. 그래도 뭔가 그런 희망이나 이런 것들은 가지고 계시잖아요.

차웅 아빠    기대를 하는 거죠. 기대를 하는데 그 앞에 여러 사건들이 있었잖아요. 옛날 5·18이나 뭐 쉽게 얘기해서 그런 사건들이 막 있었는데, 그런 대구 참사도 있었고. 그런 걸 지켜봐 보면 결국 해결된 게 하나도 없잖아요. 지금 뭐 10년, 20년이 지나도 그런 걸 보면 저희도 거기에서 크게 벗어나지 않을 것 같기도 하고 그렇습니다. 물론 저희가 끝까지 싸우긴 하겠는데, 포기는 하지 않는데 그러면서 약간의 그런 불안감? 이런 거는 좀 있습니다.

면담자    혹시 참사 이후에 종교나 신앙 같은 걸 가지거나 이런 변화는 없으세요?

차웅 아빠    그런 건 없어요.

면담자    그리고 가족분들 중에는 경제적인 문제로 어려움을 겪는 경우도 있는데, 아버님은 어떠세요? 지금 직장생활 하시기 때문에 큰 어려움은 없을 것 같긴 한데요.

**차웅 아빠**　　네, 그런 거는 큰 문제 없습니다.

**면담자**　　이건 예민한 얘기기도 한데요, 한동안 언론에서 유족들이 보상금을 가지고 어떻게 하려고 한다는 기사들도 좀 나오고 그랬었잖아요. 그런 부분은 지금 어떻게 정리하고 계시나요?

**차웅 아빠**　　이제 그 국민성금은 저희가 받았잖아요. 국가에서 주는 보상금은 아직 안 받은 상태고, 소송 걸어놓은 상태고. 그런 성금이나 이런 것들은 손 안 대고 그대로 있어요. 그 부분은 솔직히 쓸 수가 없더라구요. 그래서 쓰지 않고 그냥 그대로 통장에 다 있습니다.

**면담자**　　지금 소송에는 같이 참여를 하고 계시는 거구요.

**차웅 아빠**　　네, 그렇죠.

**면담자**　　뭐 이것도 여쭙기 조심스러운데, 방금 말씀하신 것처럼 돈을 쓰기가 굉장히 어려울 거라고 생각이 들어요. 그럼에도 불구하고 이 돈을 어떤 목적으로 사용해야 한다면 어떤 데다 사용하고 싶으세요?

**차웅 아빠**　　아직은 계획은 없구요. 뭐 제가 개인적으로 집사람하고 뭐 협의하고 그런 건 아닌데, 저희 때는… 모르겠어요. 저희가 어떤 일이 생길지 모르겠지만 지금 당장은 쓸 계획은 없어요. 나중에 뭐 ○○이가 쓸 수도 있겠죠. 아직도 세월은 많이 남긴 했는데 지금 당장은 그렇습니다, 생각이 없습니다.

# 6
## 이사를 하게 된 계기

면담자　　　현재 아버님께 가장 걱정되거나 고민되는 점이 있다면 어떤 건지요?

차웅 아빠　　　지금 가장 저희가 바라보는 거는 목포에서 일어나는 일이죠. 아직 돌아오지 못한 사람들이 있으니까 일단 그 문제가 가장 시급한 것 같구요. 그다음에 이제 동시에 진실 규명도 이루어져야 되는 거고, 지금 당장은 그거 외에는. 이쪽 안산에서는 저희가 추모공원 때문에 활동을 하고 있는데, 그래도 가장 시급한 거는 미수습자 수습하는 거, 그건 거 같아요.

면담자　　　개인적으로 진상 규명과 미수습자 수습이 가장 시급한 일이다, 그렇게 생각하시는 거구요. 그리고 지금 시흥으로 이사를 했다고 하셨잖아요. 이사를 하시게 된 어떤 계기가 있으셨나요?

차웅 아빠　　　거기 그 집은 저희가 사고 나기 전에 벌써 분양을 받아가지고 한 2년 넘게 전세를 줬었어요. 그리 못 가고 계속 안산에 있다가, 저쪽에서는 전세로 살고 있었고. 그래서 [예전] 집 문제로도 좀 집을 빼달라는 것도 있었고, 또 집사람이 "안산에서 좀 벗어나자"는 의견도 있어 가지고 저쪽 전세 계약 기간이 끝나갈 쯤에,

그래서 그쪽으로 옮기게 되었죠.

면담자    차웅 어머님이 안산에서 벗어나자고 하셨던 이유는 뭐였나요?

차웅 아빠    음, 전에 살았던 데가 결국은 저희가 이제 거의 결혼해서 그 동네를 안 벗어났거든요. 94년도에 결혼해서 안산으로 돌아와 가지고 여태까지 그쪽에 살았으니까요. 거기 가는 곳마다 이제 애들 생각나고 그렇기 때문에 "좀 벗어나자" 그러더라구요. 원인은 거기에 있는 것 같아요.

면담자    어쨌든 여러 곳에 차웅이의 흔적 같은 것들이 남아 있으니까요.

차웅 아빠    그렇죠. 주위에 또 아는 분들이 많아서… 그 저희가 그쪽 사고와 관련된 사람이라는 걸 아는 사람들이 많잖아요. 거기에서도 좀 벗어나고 싶었고.

면담자    그런 게 생활하시는 데 어려운 점으로 작용을 하셨나요?

차웅 아빠    조금은 어려운 점이 있었죠.

면담자    어떤 부분에서 그런지 좀 이야기를 해주실 수 있으세요?

차웅 아빠    그 뭐라 그래야 될까요. 일단은 활동 범위도 좀 줄어들구요. 저희가 일상생활 하는 건데도 그거를 또 이상하게 바라보는 시선 같은 것들도 조금 느꼈고, 이런···. 저희가 금전적으로, 어떻게 보면 저희가 금전적으로 돈이 늘어났잖아요. 그래서 저희 다른 평상시에 아무것도 아닌 것을 하는데도 그렇게 또 보는 사람들이 있어요. 그래서 그런 것도 싫고 그래서 "그럼 아무도 모르는 데로 가자" 그래 가지고 그쪽으로 가게 된 거죠.

면담자　　　그러면 이사한 뒤로 사모님은 잘 적응하고 지내시는 거구요?

차웅 아빠　　　근데 거기는 잠만 잡니다.

면담자　　　잠만 자고 주로 활동은?

차웅 아빠　　　활동은 안산에서 하고, 아침에 나가서 저녁에 들어와서 자고. 거의 뭐 잠만 자죠.

면담자　　　차웅 어머님도 전에 직장을 다니셨던 거로 알고 있는데, 지금은 관두시고 활동만 하고 계시는 건가요?

차웅 아빠　　　네.

면담자　　　유가족들과 어떤 활동을 하시죠?

차웅 아빠　　　합창단이구요. 그다음에 센터에 꽃누름이[압화]라고 있는데 거기 시작을 해서 강사 자격증까지 따서, 어머님들 오시면 이제 같이 도와주고 있어요.

면담자　　　아무래도 아버님보다는 어머니가 받으신 충격이 훨

썬 더 크지 않았을까 싶은데요.

차웅 아빠    그렇겠죠.

면담자    그래도 보시기에 잘 지내고 계신 것처럼 보이세요?

차웅 아빠    겉으로는 그렇죠. 겉으로는 그런 것 같은데 집에 들어오면 잠을 일단 못 자니까요. 거의 뭐 새벽 3시, 4시 이렇게 자고 막 이러니까 그런 걸 보면은 아직 좀 많이 힘들어하는 것 같아요.

면담자    어디 편찮으시거나 이런 덴 없으시구요?

차웅 아빠    크게 뭐 발목 다쳐서 그것 말고는 크게 아프거나 그런 데는 없구요. 가족들하고 자꾸 어울리다 보니까 거기에서 많은 위로를 받는 것 같아요.

면담자    참사 이후에 그래도 유가족들과 관계가 좋아지시고 훨씬 교류가 더 많아지신 거네요.

차웅 아빠    저희 반 같은 경우에도 보면은 아직도 밖에 못 나오시는 분들이 계시거든요. 저희가 그분들을 이제 자꾸 밖으로 나오게끔 유도를 하긴 하는데 그래도 한 분, 두 분 정도는 아직 못 나오세요. 이제 그래서 그게 사람하고 만나서 얘기하고, 또 얘기할 수 있는 사람들도 또 동변상련이라고 같은 일 겪은 사람들끼리 얘기를 하면 많이 좋아지는 걸 저희가 봐왔거든요. 그렇기 때문에 차라리 집에 있는 것보다 밖에 나가서 함께 움직이고 얘기하고 이러는 게 더 낫다고 생각을 합니다.

면담자      어쨌든 차웅 어머님도 비교적 잘 견디고 계시는 거
구요.

차웅 아빠      네.

면담자      아까 ○○이 얘기를 했는데 ○○이도 지금 어쨌든
잘 적응을 하고 있다고 생각하시구요. 혹시 ○○이한테 바라는 점
이나 이런 것들은 없으세요?

차웅 아빠      바라는 거라 그러면은 글쎄… 뭐 다 똑같겠지만 제
대하고 사회에 잘 적응하기를 바라야죠. 이런 남이 안 겪은 걸 겪긴
했는데 그거를 빨리 견뎌내고 사회에 적응을 빨리 하길 바라야죠.

면담자      이제 군대를 갔다 오면 몇 학년으로 복학을 하는
거죠?

차웅 아빠      □학년 2학기죠.

면담자      혹시 차웅이한테 바라던 것들이 ○○이한테 투사가
된다든가 하는 건 없으신가요?

차웅 아빠      그거는 없어요.

면담자      그냥 이전과 다름없이 ○○이를 대하고 있다고 생
각하시는 거죠?

차웅 아빠      뭐 100퍼센트는 아니겠지만 차웅이하고는 비교를
하고 그러진 않아요.

# 7
## 진상 규명의 의미

면담자    앞으로의 삶에서 한 가지 추구하고자 하는 목표가 있다면 어떤 걸까요?

차웅 아빠    뭐 지금 추구할 게 있겠습니까? 지금 하고 있는 일을 계속해야죠.

면담자    아까 말씀하신 진상 규명도 있겠구요.

차웅 아빠    그렇죠. 그거를 할 수 있는 데까지는 해봐야죠. 그 거 말고는 저희가 뭐 따로 해야 될 일이… 글쎄요, 생각을 못 해 봐서….

면담자    진상 규명이라는 것이 아버님께 어떤 의미가 있는 건 지 그리고 진상 규명의 전망에 대해서 어떻게 생각을 하시는지요?

차웅 아빠    진상 규명이라는 게 어떻게 보면 빨리 될 수도 있는 거잖아요. 예를 들면 내가 키우던 강아지가 죽으면 왜 죽었는지도 알아보잖아요. 그러듯이 하물며 내 자식이 어느 날 갑자기 이유도 모른 채 죽었는데, 그거를 알아내야 되는 게 부모 아닌가요? 물론 어렵긴 하겠지만 저희는 밝힐 수 있는 데까지 노력해 봐야죠.

면담자    진상 규명이라고 하는 게 어쨌든 부모로서의 자식한 테 해줄 수 있는 것이죠?

차웅 아빠　　부모로서 해야 될 책무라고 생각을 합니다.

면담자　　만약 아버님께서 만족하는 수준으로 진상 규명이 달성됐다고 전제하고요, 그다음에는 어떤 일들을 하시면서 살고 싶으세요?

차웅 아빠　　그거는 다 됐다……, 글쎄요. 그걸 깊이 생각해 본 적은 없는데 그 저기 해야죠. 저희가 이제 그동안 받아왔던 것들, 국민들한테 받아온 것 이런 것들, 내가 받은 만큼 사회에 돌려주고 싶은 마음이 조금 있어요. 제가 사회복지사를 좀 공부를 하고 있거든요. 나중에 사회에 봉사활동을 하고 싶은 마음이 있어요. 어려운 사람들 위로해 주고 내가 받았던 그런 위로라든가 이런 것들을 좀 해보고 싶은 마음이 있어요.

면담자　　구체적인 상을 그리고 계신 건 없으신가요?

차웅 아빠　　그래서 일단 복지사, 사회복지사 그쪽을 알아야 되니까 지금 공부는 하고 있는데, 아직까지 구체적인 것까진 없구요, 언제[가] 될지는 모르겠죠.

면담자　　아까도 여쭤봤는데 진상 규명까지 어느 정도나 시일이 걸릴 거라고 생각하세요?

차웅 아빠　　10년, 20년 이렇게… 너무 멀리 잡았나요?

면담자　　너무 멀리 잡으신 거 아닐까요? 그래도 정부가 바뀌어서 조금 나아지지 않을까 기대하는 [건] 없으시구요?

차웅 아빠     그런 기대는 하고는 있는데요. 10년 정도면 어느 정도 진상이 나오지 않을까 싶기도 하구요.

면담자     그러면 진상 규명을 가로막는, 그렇게 더딜 거라고 생각을 하시는 이유는 어떤 거죠?

차웅 아빠     저희가 모르는… 모르니까 진상 규명을 하려고 하겠지만, 정부에서 어떤 밝힐 수 없는 이유가 있는 것 같아요. 박근혜 정부도 어떻게 보면 그게 숨길 일이 아니거든요. 어떻게 보면 숨겨서 자기네들 득이 될 게 없는데 그거를 감추려고 하는 걸 보면은, 국민들한테 말을 할 수 없는 어떤 거 있을 것 같아요. 국민들이 알아서는 안 될 거.

면담자     그러면 어떤 거라고 짐작을 하세요?

차웅 아빠     글쎄요. 그거는 짐작하기가 어렵죠. 미국하고 관계가 될 수도 있는 문제가 있고, 북한은 아니겠지만 가장 큰 거는 그거 같아요.

면담자     세간에서 대통령의 불성실이 탄핵 사유에서 굉장히 중요한 이슈 중에 하나이기도 했었는데, 그렇게 생각하진 않으신 건가요?

차웅 아빠     그거는 아이들을 구조하지 않은 거에 대한 책임감이구요, 책임이고. 이런 사고가 일어난 계기… 어떻게 사고가 일어났는지가 가장 궁금한 거죠. 근데 언론에서는 과적이니 뭐 그런 얘기를 많이 하는데, 글쎄요…. 뭐 과적인 것 같진 않거든요, 제 개인적으로.

면담자        일각에서 국정원 얘기도 있었고, 잠수함이나 이런 얘기가 있었는데….

차웅 아빠    전에는 뭐 잠수함 얘기도 많이 하고 그래서 잠수함 쪽으로 생각을 많이 해봤는데, 지금 배가 인양돼 가지고 올라온 모습 봐가지고는, 물론 [선체] 왼쪽은 못 봤지만, 그거는 조금 아닐 수도 있다는 생각이 들었어요. 지금 일단 왼쪽을 봐야 되겠지만 그 다른 원인이 있을 것 같은데 그건 잘 짐작은 못 하겠어요.

면담자        짐작은 못 하시는데 미국과 한국 간의 정치적인 역학 관계 등이 개입이 돼 있을 수도 있겠다 하는 의심?

차웅 아빠    그렇죠. 저희 국민들한테 알릴 수 없는 거, 알아선 안 되는 그런 게 있는 것 같기도 해요.

면담자        어떤 근거나 이런 것들을 가지고 계신 건 아니고, 그런 이유가 있어서 쉽게 밝혀지지 못하고 있는 게 아닌가라고 추정하고 계시다는 거죠?

차웅 아빠    네, 추정이죠.

면담자        혹시 그런 사태가 벌어진다면 어떻게 하시겠어요? 예를 들어서 정부에서는 "충분히 진상 규명했다"라고 발표했는데, 그 진상 규명이라고 하는 것도 서로가 보는 관점에 따라서 조금씩 다를 수 있을 거라고 생각이 되거든요. 발표의 내용이 기대하는 것들과 다른 이야기라고 한다면 수용하실 수 있을까요?

차웅 아빠　　글쎄요. 저희가 기대한 것하고 다르게 나왔다? 결과가 글쎄요. 그 나온 결과가 저희가 이해할 수 있으면 되겠죠. 저희 기대치하고 상관없이 저희가 이해할 수 있을 정도면 될 것 같은데요.

면담자　　이해할 수 있을 정도?

차웅 아빠　　'그럴 수 있겠다', 이렇게 수긍할 정도면….

면담자　　그럼 여태까지 정부 등의 대응에 대한 평가를 다시 한번 해주실 수 있을까요? 그동안은 이해할 수 없는 이야기들만 자꾸 하고 있다는 말씀인 거죠?

차웅 아빠　　그렇죠. 수긍이 안 되는 거니까.


## 8
## 차웅이는 제 아들입니다


면담자　　이제 거의 마지막 질문인데요. 3년이 지났죠. 며칠 전에 3주기 기억식도 했었는데, 차웅이를 떠올리면 지금 어떤 생각이 드시는지요? 그리고 차웅이는 아버님한테 지금 어떤 의미로 남아 있는 거죠?

차웅 아빠　　음… 일단 떠올리면 아픔이구요. 그리고 어떤 의미

86
•

가 있을 순 없죠. 단지 내 아들이고, 내 자식이고, 그 외에 어떤 의미를 둘 수가 있을까요? 제 아들…입니다. 3년이 되어가니까, 글쎄요…, 뭐 4월 달이면 다 겪는 건데 요즘 들어서 더 보고 싶기도 하고 그런 것도 있죠.

면담자　　　보고 싶으면 어떻게 하세요?

차웅 아빠　　　보고 싶으면 어떡합니까…, 뭐 서호 그 추모공원은 좀 시간이, 직장 시간이 안 맞아서 이제 주말에밖에 못 가고, 아들 사진 보고 이제 그런 것밖에… 아들 사진 보고 옛날 생각하고 그렇죠. 핸드폰에 항상 사진 있으니까. 집에서는 앨범 보고 있으면 집사람이 또 보니까 웬만하면 집에서는 잘 안 보구요. 저 혼자 있을 때, 핸드폰에 있는 사진 보고 그렇죠.

면담자　　　집에서는 왜 같이 안 보세요?

차웅 아빠　　　같이 보면 또 아파하니까. 아파하고 또 안 그래도 아픈데, 더 아프게 하는 것 같기도 하고. 그래서 집에서는 집사람 볼 때는 조금 삼가하죠.

면담자　　　그러면 집에서는 안 아프신 척 이렇게 행동을 하시는 건가요?

차웅 아빠　　　대부분들이 그렇지 않겠습니까.

면담자　　　아까 안아주신다거나 이런 얘길 하셨는데, 훨씬 더 나을 수도 있지 않을까요?

차웅 아빠    아, 그거는 전에 상담받았을 때 정혜신 박사님 아시죠? 그분이 똑같은 말씀을 하시더라구요. 사실은 그런데 그게 안아주고 이렇게 하는 거는 그런데… 제가 아파하는 걸 보면 또 같이 아파하니까… 그거는 약간 배려라고 생각을 합니다.

면담자    네, 혹시 꼭 남기고 싶으신 말씀이 있으면 이야기를 해주세요.

차웅 아빠    그거는 저희가 할 수 있는 게, 다시 말씀드리지만 지금 당장 할 수 있는 게 진상 규명밖에 없죠. 저희 실제로 아침에 인사도 제대로 못 하고 보낸 자식인데, 그 수학여행 가다가 그렇게 됐는데, 일단 왜 그렇게 됐는지는 알아야 되지 않을까요. 그리고 그 원인이 밝혀지면 또 거기에 따른 어떤 책임질 사람들은 책임을 지고 그렇게 되기를 바랄 뿐입니다, 지금 당장은.

면담자    네, 쉽지 않은 이야기들을 해주시고 기억을 더듬어주셔서 고맙습니다. 그리고 아버님께서 해주신 구술증언이 궁극적으로 진상을 규명하고, 또 우리가 조금은 더 안전한 사회에서 사는 데 기여를 할 수 있기를 바라는 마음입니다. 그러면 여기서 이야기를 마치겠습니다. 수고하셨습니다.

# 3회차

2019년 2월 14일

1   시작 인사말

2   참사 이후의 직장생활

3   국내 정치 변화에 대한 소회

4   바라는 점

5   새 정부 등장과 세월호

6   생명안전공원과 새로운 운영위원회 그리고 졸업식

7   마무리 인사

# 1
## 시작 인사말

**면담자**       본 구술증언은 4·16 사건에 대한 참여자들의 경험과 기억을 기록으로 남김으로써 이후 진상 규명 및 역사 기술에 기여하고자 합니다. 지금부터 정윤창 씨의 증언을 시작하겠습니다. 오늘은 2019년 2월 14일이며, 장소는 안산시 단원구 4·16기억교실 교육장입니다. 면담자는 김익한이며, 촬영자는 강재성입니다.


# 2
## 참사 이후의 직장생활

**면담자**       아버님, 17년에 1, 2차 구술을 해주셨는데요. 이후 조금 시간이 지났고, 박근혜 대통령 탄핵부터 시작해서 새 정부가 들어서는 등 17년에서 현재까지 변화가 컸습니다. 이런 변화된 상황과 관련된 몇 가지 질문을 드리고, 차웅이 아빠로서의 어떤 생각이랄까 그런 것들을 주로 이야기 나누겠습니다. 제일 앞에 아버님 직장 얘기를 여쭈려는데, 지난번에 '잘렸다'는 이야기를 들었습니다. (함께 웃으며) 최근 근황과 함께 직장 얘기도 편하게 해주시면 좋을 것 같아요.

**차웅 아빠**       정리된 것은 10월 말부로 정리가 됐구요. 회사생활한 지는 한 28년 정도 됐습니다. 저는 다른 직장을 다녀본 적은 없고 한 군데만 28년 다녔는데, 그 통보받고 나서 많이 서운함이 좀 있었죠. 많이 서운함이 있었고, 개인적으로도 좀 그랬구요.

면담자    그런데 연세로 봐서는 일반적으로 그만두기도 하는 시점이죠?

차웅 아빠    조금 빠르죠. '한 2, 3년은 더 다닐 수 있겠다' 싶었거든요. 저도 정년까지 채울 생각은 없었는데, 조금 '한 2, 3년은 빨리 나왔지 않나' 생각은 하고 있습니다.

면담자    그런데 세월호 참사와 관련해서 생각을 하면, 여러 어려움 속에서도 아버님은 비교적 빨리 일에 복귀하시고 꾸준히 직장생활을 하신 거잖아요?

차웅 아빠    그렇죠.

면담자    어떠셨어요?

차웅 아빠    아이 장례를 치르고 일주일 정도는 정리했고요. 한 일주일 만에 출근을 다시 한 거죠. 회사에서도 복귀를 빨리 해달라는 얘기도 있었고, 그때 당시에는 아이들이 안산에 많이 올라오지 않은 때라 막상 제가, 그때 당시 목포, 진도에 다시 내려간다는 생각을 못 했어요. 못 하고 일단 출근을 했었습니다.

면담자    보통은 동료들과의 대화라든지, 경우에 따라서는 걱정하는 얘기인데 그 자체가 서운하기도 하고 불편하기도 하셨을 텐데요. 다시 직장 복귀하시고 견딜 만하셨어요? 어떤 어려움은 없으셨는지요?

차웅 아빠　　　동료들한테서는… 글쎄요. 저를 걱정해서 그럴 수도 있는데, 거의 [4·16 참사] 얘기를 안 했죠. 그냥 평상시처럼 대해줘서 회사생활 하는 데에는 큰 어려움은 없었습니다. 직원들로부터 상처를 입는다든가 그런 부분들은 거의 없었죠. 공장장님이 처음 들어와서 얘기할 때도 "일단은 평상시처럼 대해주겠다"라고 말씀을 하셔서 그렇게 계속 지내왔었습니다. 특별한 일 있으면 휴가 내서 나왔었고 그런 데서도 어려움은 없었구요. 그런데 이제는 조금 적응이 돼서 편안하게 다닌다 싶었는데….

면담자　　　공장장님이 참 전략을 잘 세우셨어요(웃음). 조금 깊은 질문일 수도 있겠습니다만, 아버님이 직장생활 하시는 데 큰 어려움이 없었다고 하셨어요. 참사를 언급을 하지 않는 것이 말하자면 동료들이 좀 더 깊이 아버님의 마음에 좀 공감한다고 느끼셨는지요? 위로나 같이 눈물을 흘린다든지 하는 게 고마운 대응이었는지요?

면담자　　　그렇죠. 그렇긴 한데요, 금방 말씀하신 것처럼 서운한 면도 있죠. 진짜로 전혀 없었던 일처럼 대하다 보니까 하고 싶은 얘기가 있어도 제가 말을 못 꺼내는 거죠. 상대편들이 너무 편안하게 대해주니까 그런 면들은 좀 많이 서운한 부분도 있었어요. 같이 공감을 해주고 슬퍼해 주고 위로도 또 한마디씩 해줄 수 있는데, 전혀 그런 건… 처음에 의도한 것처럼 진짜로 아무런 일이 없던 것처럼만 대해줬기 때문에 서운한 건 많이 있었죠. 그런데 속으로만 제가 삭히고 말은 못 했습니다.

면담자　　　아버님은 체구만 크신 게 아니라 속마음도 크셔서 잘 소화를 하고, 스스로 힘든 것들을 견뎌오셨을 것으로 추측되는데요. 그래도 갖고 계신 그리움, 억울함 그런 것들이 어떨 땐 분노로 뛰쳐나오려고 할 때도 있었을 거예요. 그런 의미에서 '답답함' 이런 것들이 굉장히 심하셨을 거고요. 그런 것에 공감받을 수 있는 어떤 대상이나 집단이 있었습니까?

차웅 아빠　　　주위에는 없었구요. 형제분들도 정확히 얘기들을 많이 안 하시니까 속마음은 제가 정확히는 모르겠구요. 제가 느끼기에는 형제분들도 좀 많이 무관심했던 것 같다는 생각이 들어요. 지금은 좀 많이 서운해하고 있구요. 그게 아마 저 어렸을 때 누님이 돌아가셨던 적이 있어요. 제가 중학교 2학년 때인가, 그때 누님이 돌아가셨는데 굉장히 없었던 일처럼 그렇게 지내왔던 경험이 한 번 있었거든요. 그때 당시에는 몰랐는데 지금 생각해 보면 많이 서운하죠. 형들한테 많이 서운하고, 형수님들한테도 서운하고. 부모님은… 어머님은 좀 일찍 돌아가셨구요, 아버님이 15년도에 돌아가셨어요. 차웅이에 대해서 나중에 알고… 그러고 나서 한 몇 개월 지나서 돌아가셨거든요. 그래서 부모님들은 잘 모르시고, 형님들한테 서운한 점이 있죠.

면담자　　　유가족 이외에는 이런 이야기를 터놓고 하기는 쉽지 않으셨겠네요. 그런 분들이 없었다고 보이네요.

차웅 아빠    군이 얘기하자면 [차웅이] 외삼촌들하고는 소통이 좀 됐었구요. 많이들 같이 아파해 주고 그런 건 외삼촌들 쪽이 더 많이 해줬죠.

면담자    외삼촌들이 뭐라고 말씀해 주셨죠?

차웅 아빠    외삼촌들하고 공감이 많이 됐죠. 위로[가 되는] 얘기도 많이 해주고, 가면은 또 차웅이가 진짜 살아 있는 것처럼 그 얘기도 같이 해주고 그렇게 지내줬어요. 그래서 그쪽에 위로를 많이 받았다고 봐야죠.

면담자    휴가는 얼마나 내셨어요? (웃으며) 아버님이 굵직굵직한 활동에는 빠지지 않으셔서….

차웅 아빠    거의 다 나갔죠.

면담자    아버님 키가 워낙 크셔 가지고 집회에서 보면 머리가 위로 하나 나와 있어서 금방 알아봤는데, 차웅 아빠인지는 몰랐습니다. 아무튼 그래서 많이 나오신 걸 제가 알고 있는데, 휴가를 엄청 쓰셨겠어요.

차웅 아빠    휴가, 뭐 3분의 1은 다 썼죠. 1년 연차 휴가가 20개가 넘으니까 거기서 5, 6개 남기고 썼었으니까요. 오늘 좀 일이 있다 싶으면 참여는 많이 했습니다.

## 국내 정치 변화에 대한 소회

면담자      제일 가까운 일이라고 보면, 2017년 구술한 그 시점이 한창 촛불을 들 때란 말이에요.

차웅 아빠      그렇죠.

면담자      촛불 때는 어떻게 하셨어요?

차웅 아빠      촛불 때도 거의 나갔죠. 집사람하고 거의 다 나갔죠. 제 기억에는 거의 2, 3번 빠지고 다 나갔던 것 같아요.

면담자      어떠셨어요?

차웅 아빠      (한숨) 저는 나가게 된 게 이런 게 좀 있었던 것 같아요. 속에 쌓인 울분도 좀 있고 이걸 해소하는 데도 좀 필요했었던 것 같구요. 그리고 우리한테 직접적으로 필요한 건 진상 규명이겠지만 그 외에 개인적으로 일단 지를 수가 있잖아, 소리를 지르고 내가 하고 싶은 얘기도 하고 그럴 수 있는 계기가 돼서, 어떻게 보면 스트레스 해소도 많이 됐죠. 가족들하고 많이 어울려서 이런저런 얘기도 하다 보면 애들 얘기도 하게 되고, 그게 또 서로서로 위로가 되고… 그런 것 때문에 자주 나갔던 것 같아요.

면담자      초기 청계광장에서 시작했다가 광화문으로 집회 중심 장소가 옮겨지고, 그때부터 유가족들이 본격적으로 참여하셨잖아요.

차웅 아빠     그렇죠.

면담자     그러니까 아마 2회 집회부터?

차웅 아빠     저희는 청계[광장] 쪽에서부터 같이 갔었죠.

면담자     네네. 그러니까 일부 유가족들은 청계광장 때부터 움직이시고, 광화문 집회가 되면서부터는 유가족들이 제일 앞에서 계셨지요?

차웅 아빠     네, 그렇습니다.

면담자     당시 노란 잠바 입고 시위들을 하셨는데, 세월호 유가족들에게 박근혜가 한 짓이 참 폭력적이었고 또 불통이었기 때문에 성토하는 데에 시원함을 느끼셨을 거 같아요.

차웅 아빠     네네.

면담자     그렇지만 탄핵까지 되리라 예상을 하셨습니까? 처음 나갔을 때는 어떤 느낌이셨습니까?

차웅 아빠     저희 나라가 그런 적이 없잖아요. 그래서 그거는 처음에는 어렵다고 봤죠. 그렇지만 가족들 사이나 4·16연대에서 하는 얘기가 "한 발, 한 발 가자. 한 발, 한 발 딛다 보면 결말이 올 거다"는 거였어요. 그 말은 믿었어요. 그래서 어떻게든 박근혜가 어떻게든 간에 벌은 받겠다 싶더라구요. 일단은 참석을 해서 그렇게 진행한 거죠. 처음에는 그렇게 믿을 수가 없었죠.

면담자        시위가 보통 시위가 아니라 나중에 100만 명이 한꺼번에 광장에 모이는 엄청난 양상을 보이는데, 아버님께는 첫 번째 경험이셨어요?

차웅 아빠        저는 이런 게 처음이죠. 그런데 학교 다닐 때 잠깐잠깐, 저희가 그때 당시에 시위하는 그런 세대였잖아요? 그래서 잠깐잠깐 한 거지, 이렇게까지 크게….

면담자        전율이랄까, 그런 걸 느끼기도 하셨습니까?

차웅 아빠        처음에 100만이라 그러면 느낌이 안 오잖아요. 100만이 얼마나 많은 숫자인가 느낌이 안 오는데 나중에 제가 사진으로 봤거든요. 그 광장 전체가 차 있는 사진을 봤는데 거기에서는 진짜 너무… 괜히 소름이 쫙 오는 거 있잖아요?

면담자        시청까지 쫙 촛불이 이어진 항공사진이죠?

차웅 아빠        네, 항공사진이나 포스터 같은 거. 나중에 광화문에 가면 큰 사진 하나 붙어 있잖아요. 거기 가서 사진만 봐도 대단하다 싶더라구요.

면담자        당시에 일종의 자유로운 공간, 해방구 같은 곳을 걸으면서 경험을 하셨을 텐데, 청와대를 에워싸는 등의 거리행진들이 이루어지는 동안은 어떠셨어요?

차웅 아빠        참석은 다 했구요. 아까 말씀드렸듯이 한 단계, 한 단계 밟아간다고 그랬잖아요. 그 정도면 저희가 어느 정도 단계를 올라선 거잖습니까? 우리가 고생고생해서 여기까지 왔구나, 약간 성취감? 그런 게 약간 있었죠. 그래서 거기서 더 용기를 얻고, 힘을 얻고… 더 앞으로 나아갈 수 있도록 원동력이 된 거죠.

면담자        엄청난 시민들이 모인 장소에서 문화제를 하면서 큰 소리로 구호를 외친다든지 하면서 '아, 우리가 한 발 한 발 나가서 이걸 뒤집을 수도 있겠구나' 하는 희망을 가지셨던 거네요?

차웅 아빠        네.

면담자        그때 당시 차웅이에게 든 마음이랄까, 차웅이가 많이 떠오르셨어요?

차웅 아빠        그때 당시에 차웅이를 떠올린 기억은 별로 없어요. 그런 생각은 별로 없었던 것 같구요. 오로지 그때 당시에 그 일에만 몰두했었던 것 같아요.

면담자        정권을 넘어뜨리는 것은 유가족들에게는 어떤 의미였을까요? 정권이 넘어갈 듯한 느낌을 받으셨을 때, 이 정권이 넘어가면 세월호 참사와 관련해서 그동안 쌓인 분을 푼다든지, 진상규명이 좀 더 앞당겨질 것이라는 기대라든지, 그런 여러 가지 생각을 시위하면서 조금씩 떠올리기 시작하셨을 것 같습니다.

차웅 아빠        그거는 저만의 생각은 아닐 거구요. 현 정권하에서 [촛불 이전]에는 우리가 어떤 것도 할 수 없다는 절망감을 많이 느꼈었거든요, 시위하면서 느꼈었는데. 새로운 정권이 들어서고 또 그때 당시에 문재인 대표님이셨죠? 그분의 말씀을 듣고 그러면서 '이 정권이 들어서게 되면 우리가 희망을 가질 수 있겠다'라는 생각은 했었죠. 우리는 무조건 이 판을 엎어서 가야 된다는 분위기가 전체적으로 다 있었죠, 개인적인 것만은 또 아니고.

면담자       국회에서 탄핵 의결이 되었지 않습니까? 그때 혹시 현장에는 계셨습니까?

차웅 아빠     그때는 현장에 못 갔습니다.

면담자       그때는 회사에 계셨고.

차웅 아빠     네, 사무실에 있었습니다.

면담자       그 소식을 접하시면서 어떤 느낌이셨습니까?

차웅 아빠     그때는 확실히 100퍼센트 된다는 보장은 없었잖아요, 그때 분위기가. 저도 그거를 그때 직접 발표했을 때는 못 봤구요. 시간 지나서 잠깐 인터넷상으로 결과만 봤는데, 그때 당시 감정이 흥분 상태가 되는 게 아니고 되레 차분해진다는 느낌이 들었어요. 우리 목표가 이루어진 건데도 저는 그렇더라구요. 막 환호성 지르고 그래야 되는데, 혹시 제가 현장에 있었으면 분위기에 맞춰서 또 그렇게 될 수도 있었겠지만, 저 혼자 있다 보니까 이게 딱 가라앉더라구요, 차분해지고 그런 기분이었습니다. '이제 됐구나' 하는 안도감이라고 해야 되나, 어째야 되나? 그런 감정이었던 것 같아요.

면담자   그리고 헌법재판소에서 결국 탄핵이 최종 확정이 되는, 그때는 헌재 앞에 유가족들이 꽤 많이 있었고 시민들도 있었고… 아버님은 그 헌재 앞에도 못 가셨어요?

차웅 아빠   예, 못 갔었어요.

면담자   정말 아까운 (웃으며) 역사의 현장을 놓치셨네요. 그때는 TV에서 생중계도 하고 했었는데 그건 혹시 보셨습니까?

차웅 아빠   그것도 못 봤죠.

면담자   역시 근무 중이시니까 그것도 못 보고….

차웅 아빠   네.

면담자   거의 울부짖는 정도의 유가족들 모습을 나중에 접하셨을 텐데 어떠셨어요? 아버님도 눈물이 난다든지 그런 느낌이 있으셨나요?

차웅 아빠   우리의 바람이 일단 이루어진 거잖아요. 일차적인 목표는 이루어진 것이기 때문에 그냥 '됐구나' 이 정도였어요. '됐구나' 그러고 말았죠, 저는.

면담자   아버님은 지금보다는 조금 나은 사회를 만들 수 있는 정권이 창출되는 것만 목표로 계속 생각하신 거 아니에요? 탄핵 역시 그냥 과정에 불과하다는 생각으로?

차웅 아빠 　　글쎄요. 그런 생각을 했었는지는 모르겠는데요. 이상하더라구요, 저는 막 흥분이 되고 그러지는 않았어요. 어떻게 표현을 해야 할지는 모르겠는데, 저는 흥분하지는 않았습니다.

면담자 　　예, 알겠습니다.

# 4
## 바라는 점

면담자 　　세월호의 진실을 규명하고 유가족들이 더 이상 탄압받지 않고, 그래서 차웅이에게 덜 미안한 부모됨을 실천하고 싶으셨을 텐데, 탄핵 국면에서는 그게 조금씩 가능해지는 상황을 경험하신 거잖아요.

차웅 아빠 　　네, 그렇죠.

면담자 　　그럴 때 '뭐가 좀 됐으면 좋겠다' 이런 생각을 하셨을까요?

차웅 아빠 　　그건 다 똑같은 바람 아닌가요. 유가족들 똑같은 바람인데, 그때 당시에 가장 절실했던 게 진상 규명이고 그다음에 책임자 처벌이고 그랬잖아요. 일단은 저희 차웅이는… 조금… 입장이 조금 다르다 보니까… 구조 과정이라든가 이런 부분들이 진상이 밝혀져야 되고 침몰하게 된 원인도 밝혀져야 되고. 또 그 뒤에, 그때 당시에는 여러 가지 의구심이 많았었잖아요? '미군이 개입되어 있다' 뭐 '잠수함이 와서 부딪치고 그랬다' 이런 것들이 굉장히 많았는데, 그런 것들이 밝혀지기를 바랐죠, 지금도 마찬가지이지만.

면담자     국정원이라든지 청와대는 물론 심지어 해군, 기무사 이런 데 조금씩 밝혀지고 있는 것들을 보면, 아무리 새 정권이 들어선다고 하더라도 진상 규명이 만만치 않을 것이라고 유가족들은 인식하고 있을 것 같아요. 혹시 진상 규명과 관련해서 박근혜가 탄핵된 마당에 방법적으로 어떤 부분이 더 성취되어야 하겠다는 생각을 해본 것이 있으신지요?

차웅 아빠     시간이 지나오면서 검찰이나 그런 부분들이 밝혀지는 것을 보면서 어려울 수도 있겠다는 생각은 했죠. 그리고 단기간에 밝혀지지는 않을 것이라는 것도 알고 있구요. 전에, 앞에 일어났던 참사들도 보면, 5·18이나 이런 걸 예로 들면 지금도 아직 하고 있잖아요? 저희도 그렇게까지 가지 않을까 하는 불안감일까요, 그런 것들이[을] 계속 생각을 하게 되더라구요, 지금도 마찬가지이고요. 그런데 이게 다 밝혀지려면 일단은… 이루어질 수 없는 바람일 수도 있지만 지금 정치하는 사람들의 생각이 바뀌지 않으면 절대로 밝혀지지 않을 것이라는 생각을 합니다. 지금도 자유한국당에서 반대를 하고 있지만, 그런 사람들이 존재하는 한은 쉽게 밝혀지지 않을 것이라고 생각하고 있습니다.

면담자     탄핵이 결정되고 난 다음에 시간이 꽤 지나긴 했습니다만, 문재인 현 대통령이 선거에서 대통령으로 당선된 과정은 어떻게 보셨어요? 아버님이 선거 과정에 어떤 집회에 참여한 적이 있으십니까?

차웅 아빠    선거, 집회 과정은 별로 참석한 기억은 별로 없구요. 안산에 정의당 출신인 정세경 씨 한 번? 그때 한 번 참여했던 게 있고, 그 외에는 선거 쪽에 크게 참여하지는 않았어요.

면담자    정세경 씨라면 정의당이 아니라 민중당?

차웅 아빠    네, 민중당 맞습니다.

면담자    민중당을 지지할 정도시면 엄청 진보이신데요?

차웅 아빠    그렇지는 않죠(웃음). [참사 이후] 정세경 씨가 저희 일도 많이 도와주셨었잖아요. 가족들이 모여가지고 길거리 유세하다가, 4·16추모[생명안전]공원 때문에 하다가 모여진[모인] 김에 길거리에서 정세경 씨를 만나서 지원 아닌 지원을 하게 된 적은 있죠. 그거 외에 선거 활동은 안 했습니다.

면담자    작은 사례이지만, 민중당은 진보성이 강한 정당이고 '엄마의 노란손수건' 대표를 하셨던 정세경 씨 같은 분을 정치권에 등장시키기 위해서 유가족들이 직접 나서서 지원유세를 한다는 것은 만만치 않은 정치 행위이기는 합니다.

차웅 아빠    그렇죠.

면담자    그런 것이 과거의 아버님으로서는 상상이 안 가는….

차웅 아빠    상상할 수도 없죠.

면담자    그런데도 너무나 자연스럽게 하신 거 아니에요?

차웅 아빠    네, 그렇죠.

면담자    앞으로도 그런 상황이 온다면 (일동 웃음) 그런 과감한 정치 행위를 하실 것 같으세요?

차웅 아빠    글쎄요. 상황이 되면 또 할 수도 있죠. 전에는 전혀 관심 밖의 일들이라 '그런가 보다, 남들이 그러면 그런가 보다' 했었는데 지금은 내가 참여할 의지는 있어요. 내가 만약에 어떤 사람을 지지하고 응원을 한다면 거기에 참여할 의지는 있습니다. 정세경 씨가 민중당이지만 원래 제가 지지하던 곳은 민주당이에요. 제가 또 광주 출신이다 보니까 그쪽으로 지지를 하고 있었죠.

# 5
## 새 정부 등장과 세월호

면담자    문재인 대통령이 취임할 때, 예를 들어서 취임사라든지 그런 것들을 접하시면서 세월호를 어떻게 얘기하나 이런 것들을 주의 깊게 들으셨습니까?

차웅 아빠    당연히 들었죠.

면담자    그 관점에서 보실 때 문재인 정권 초기 출범 시에는 어떠셨어요? 긍정적이셨나요, 아니면 조금 아쉬움이 있으셨어요?

차웅 아빠      그때 정확히 기억나지는 않구요. 긍정적이라고 봐야 되겠죠, 저희도. 당시에 문재인 대통령이 이것저것 많은 얘기들을 했었잖아요. 어느 면에서 보면 부족한 면이 있었을 수도 있는데 대체적으로 다 긍정을 하고, 또 그렇게 되기를 많이 바라고 있었죠. 지금은 저희한테 관심을 보여주시는 게 덜하긴 하지만… 지금은 국정에 힘써야 하니까 그럴 수도 있다고 생각하고 있구요. 초기에는 저희 가족들이나 세월호 쪽에 많은 관심을 가지고 계셨었잖아요? 그때 당시에는 좋게 봤죠.

면담자      취임 초기에?

차웅 아빠      네.

면담자      현재는 어떠세요?

차웅 아빠      현재는 반반이에요.

면담자      왜?

차웅 아빠      글쎄, 전에 얘기했던 것처럼 이게 초심을 좀 유지가 되어야 하는데, 그런 부분들이 많이 사그라든 것 같기도 하고, 의지가 좀 없어진 것 같기도 하고 그런 느낌을 조금씩 받고 있어요.

면담자      세월호 참사의 문제 해결과 관련해서 새 정부가 구체적으로 어떤 역할을 했다고 생각하십니까?

차웅 아빠    글쎄요. 그건 크게 보면 없다고 봐도 될 것 같아요. 어차피 지금 이루어져야 될 일들이기는 한데, 특별법 만든 것도 그렇게 됐고, 사참위[사회적참사특별조사위원회]가 구성이 된 것도 그렇고, 그런 부분들은 물론 새 정권이 들어서서 할 수 있게끔 된 것은 맞구요. 그런데 현재 그런 법이나 위원회가 구성이 되었어도 실제적으로 밝혀진 것들은 없잖아요.

면담자    이어서 사참특위 얘기로 가겠습니다. 사참특위가 몇 달 전에….

차웅 아빠    12월 달인가?

면담자    특별법 경험과 비교해서 사참특위 법에 대해서는 어떻게 보셨습니까?

차웅 아빠    조금 진전이 된 게 있긴 하죠. 조사권이나 이런 것은 [확보]하게 되었으니까.

면담자    그래서 사참특위 위원과 직원이 구성되는 과정을 보셨는데요, 그 과정에서 어떤 기대와 아쉬움이 있으셨는지요?

차웅 아빠    거기는 솔직히 제가 전에 보다는 관심을 덜 가지고 있어서 자세한 내용은 잘 모르구요. 전에 한 번 개시한다고 할 때 그때 한 번 가고는 사참위는 제가 한 번도 안 갔거든요.

면담자    예를 들자면 1기 특조위 활동을 방해해 그렇게 문제가 되었던 황전원이 다시 사참특위 상임위원이 되셨잖아요. 그건 알고 계셨습니까?

차웅 아빠        네, 알고 있었습니다.

면담자        황전원이 위원이 된 것에 대해서는 어떻게 생각하셨
어요?

차웅 아빠        저희가 반대 많이 했죠. 지금도 반기지는 않죠, 그
사람을. 지금 당장이라도 그만뒀으면 좋겠는데, 그게 또 우리 마음
대로 안 되는 부분이더라구요. 저희는 가서 요구도 많이 하고 그랬
지만 결국은 지금 남아 있거든요. 제가 뭐 적극적으로 참여하고 그
런 것은 아니라서 한 번 가서 보기는 했는데 그게 쉽게 되지 않
는… 절차가 필요해서 그런 건지, 법이 필요해서 법 때문에 그러는
건지, 이제 마음대로 할 수 없는 부분이죠.

면담자        현재 문재인 정권이 '적어도 이것만은 꼭 직접 나서
서 해줬으면 좋겠다' 이런 사안이 있으십니까?

차웅 아빠        그건 생각을 조금 해봐야 될 것 같은데요. 크게 봐가
지고 요구하는 것은 진상 규명인데, '이렇게 해줬으면 좋겠다'는 것
은 제가 이따 말씀드릴게요(웃음).

면담자        기본적으로는 문재인 정권에 대한 기대가 크시니까
뭔가 그래도 좀 이루어질 것이라는 생각에서 정권에 대한 바람 자
체가 없어져 버리는 현상으로 이해를 해도 되겠습니까? 이른바 '문
빠 현상'인데요(웃음).

차웅 아빠    (웃으며)문빠 현상이요?

면담자    문빠가 되면 문재인 정권이 잘못해도 비판을 못 해 버리는 거죠, 비판의식도 없어지고. 그럼 이제 계속 기대하면서 지켜만 보는 거죠, 계속.

차웅 아빠    그건 교수님이 바라보는 게 맞을 수도 있죠, 맞을 수도 있을 것 같아요.

면담자    예를 들면 지금 제 기억에 새 정부 출범 이후 4·16 유가족들이 단 한 번도 시위를 하지 않은 걸로 알고 있습니다.

차웅 아빠    네, 그렇죠, 제 기억에도.

면담자    그렇죠? 그런데 진상 규명과 관련해 현재에도 빠릿빠릿 돌아가지 않는 상황인 걸 다 알고 있는 사실이고, 그리고 이렇게 시간이 지났는데 생명안전공원과 관련된 사안도 실질적으로 무엇이 진전되고 있다는 얘기는 들은 바가 없거든요. 이 정도 상황이면 과거의 우리 4·16 유가족들이라면 벌써 광화문으로 나갔죠. 그런데 현재는 전혀 움직임이 없어서⋯ 그 부분은 어떻게 생각하시는지요?

차웅 아빠    지금 거의 정리가 되었다고 생각하시는 분들도 많이 있어요. 한 번 시위를 했으면 지금 상황보다는 더 앞에서 했었어야 한다는 생각을 가지고 있죠. 지금 상황은 시기가 늦었을 수도 있고 적절한 것 같진 않아요, 현재는. 했으면 더 빨리, 더 이전에 진행을

109

했었어야 했는데 그렇지 못했다는 아쉬움이 있죠. 그랬으면 [진상규명이] 좀 더 빨리 이루어졌을 수도 있고, 생명안전공원 같은 경우만 해도 안산 시민들이 굉장히 반대하는 사람들도 많이 있었지만 안산시에서 먼저 서둘지 않은 면도 있고. 정부를 계속 바라보는 입장이라든가 그런 입장이었던 것에서 저희가 조금 나서서 시위를 했으면 하는 것도 좀 있었죠. 그런데 서로 생각들이 틀리니까, 운영하는 사람들이랑 생각이 다를 수 있으니까, 그게 없이 여태까지 온 것 같구요.

## 6
## 생명안전공원과 새로운 운영위원회 그리고 졸업식

면담자    생명안전공원에 차웅이를 데려오고 싶으셔요? 표현이 맞을지 모르지만, 유골함이 다닥다닥 붙어 있는 곳에 있는 상태잖아요. 그렇게 차웅이를 보다가 '생명안전공원이 만들어지면 차웅이를 어떤 모습으로 데려오고 싶다' 이런 상상 혹시 한번 해보셨습니까?

차웅 아빠    그런 상상까지는 안 해봤구요. 일단 집사람하고 얘기한 것은 저희 이후에도 생각을 해야 되잖아요. 추모공원에 애들하고 같이 있으면 좋은 면도 있고. 그런데 차웅이가 의사자로 지정이 되어 있어서 국립묘지에 안장이 될 수 있는 조건을 가지고 있기 때문에, 나중을 생각을 해서 그쪽으로 한번 알아보자는 얘기는 계속하고 있거든요. 나중에 우리가 먼저 죽고 나서 계속 관리가 되고 하려면… 뭐 그런 얘기를 했었어요. 그런 얘기를 했었는데, 그거는 서로 의견을 교환해 본 적은 없는 것 같아요.

면담자　　　　면담자의 개인적인 생각일 수는 있습니다만 저는 아이들이 현재 그 유골함에도 갇혀 있는 느낌을 받아요. 그래서 하늘이 보이고 널찍널찍하게, 유골이라도 거기에 영혼이 깃든다고 생각을 하면 자유로울 수 있는 그런 공간에 아이들을 데려오면 참 좋겠다, 저는 개인적으로 그런 바람을 갖고 있었거든요.

차웅 아빠　　　저도 충분히 이해를 했는데요. [생명안전공원에서는] 지하 공간으로 들어오잖아요, 애들이. 시민들이 거부하는 면이 있어서 밖으로는 보이지 않겠다고 약속을 해서 지하 공간 쪽으로 저희 애들을 다 비치를[안치를] 하는 것으로 알고 있는데, 그렇게 되면 말씀하신 것처럼 하늘을 바라볼 수는 없죠. 대신 공간이 좀 넓었으면 좋기야 하겠죠. 지금은 요만한 공간에… 애를 위해서 해주고 싶은 게 있어도 해줄 수가 없어요, 좁아서. 고런 면은 좀 더 생각을 해봐야 될 것 같습니다.

면담자　　　　그러면 타협안이, 지하인데 위는 트여가지고 지하에서도 하늘을 볼 수 있게 한다든지….

차웅 아빠　　　좋은 생각이신 것 같아요(웃음).

면담자    아무리 새 정부가 들어서고, 또 환경이 좋아져서 생명안전공원이 만들어진다고 하더라도 아쉬움이 크다는 것이 개인적인 생각입니다.

차웅 아빠    제가 생각 못 했던 얘기이기 때문에 저로서는 듣기 좋은 얘기네요. 설계가 진행되고 있는 단계이기 때문에 기회가 되면 그런 의견 한번 내고 싶은 생각이 드네요, 제가. 추모분과나 이런 쪽에 얘기해 볼 수 있는 기회가 있으면 해보겠습니다.

면담자    최근 일로 추모분과 말씀해 주셨는데, 가족총회가 얼마 전 일요일에 있지 않았습니까?

차웅 아빠    네, 맞습니다.

면담자    가셨어요?

차웅 아빠    네, 그때 가서 참석은 했었죠.

면담자    어떻게 진행이 되었어요? 처음에는 그게 현재 가족협의회 강당에서 하기로 하지 않았었습니까?

차웅 아빠    네. 그런데 장소가 협소해서 그런 건지 단원구청으로 옮겨서 넓은 곳에서 했었죠.

면담자    처음 모이기를 단원구청에서 바로 모였습니까?

차웅 아빠    단원구청에서 바로, 장소 변경 통지가 와가지고 바로 단원구청에서 했었죠.

면담자    어떠셨어요? 일단 최근의 총회로서는 그렇게 많은 인원이 모인 적이 없었지 않습니까?

차웅 아빠    정기총회는 인원수가 많이 모이는 것 같아요. 일요일에 일반적으로 하는 총회는 가족 몇 분들만 나와서 참석을 하는데 정기총회는 과반수가 넘게 나오는 것 같습니다. 저희가 또 과반을 넘기려고 반 대표님들도 많이 고생하시고 그렇게 하고 있죠.

면담자    그래서 아마 100명이 일단 넘고….

차웅 아빠    142명이 참석을 했으니까요.

면담자    위임장 포함해서 142명이요?

차웅 아빠    위임장 포함해서일걸요?

면담자    네네. 어쨌든 실제로 몸이 나와서[직접 나와서] 참여하신 분이 110여 명인가, 굉장히 많았다고 들었습니다.

차웅 아빠    맞습니다.

면담자    오랜만에 정기총회에서 논의하는 느낌, 이런 것들은 어떠셨습니까?

차웅 아빠    임원 선출하는 의미가 더 큰 자리였기 때문에… 서로 이게 힘든 일이잖아요. 그걸 하겠다고 나서는 사람들이 많지가 않아서 어려움들이 많이 있거든요. 이번에 어려운 자리를 맡아서 하겠다고 나오시는 분들이 다행히 있어서, 그분들 응원해 주고 앞으로 잘 해보자 그런 의미가 더 컸던 자리인 것 같아요.

면담자　　　주요 임원으로 어떤 분들이 되신 걸로 기억하십니까?

차웅 아빠　　[운영]위원장에는 장훈[준형 아빠] 씨가 됐구요, 그다음에 사무처장에는 건우 아빠, 진상분과에는 동수 아빠, 심리[생계 분과]는 없어졌죠, 이제. 심리는 없어지고 회원조직분과라 그래서 홍영미 씨가 되었구요.

면담자　　　재욱이 엄마?

차웅 아빠　　네, 재욱이 엄마. 그다음에 대외[협력]분과가 시연이 엄마, 그렇게 됐고 이제 감사 두 분하고 이렇게 조직이 갖춰졌죠.

면담자　　　정말 오랜만에 이루어진 임원 선출이에요.

차웅 아빠　　2년? 정식적으로는 2년이죠. 원래 작년에, 전에 하셨던 분들이 작년에 "올해는 이제 그만두겠다"고 하셨다가 가족들이 그러면 1년만 더 해달라 그래서 올해까지 왔던 거구요. 이번에 새로 뽑게 된 거죠.

면담자　　　찬호 아빠 전명선 위원장하고 예은 아빠 유경근 집행위원장, 이 두 분이 오래도 하셨고 또 대외적으로 너무 많이 알려지셔서….

차웅 아빠　　네, 걱정이 좀 많긴 하죠.

면담자　　　마치 그분들이 이끌어가지 않으면 '유가족은 누가 이끌어가?' 이런 시선들이 안팎으로 있는 걸로 아는데, 아버님은 어떻게 보셨어요?

차웅 아빠     저도 그게 걱정은 많이 되죠, 현재에도 걱정이 많이 되고. 그런데 두 분이 어떻게 앞으로 하느냐에 따라 달려 있겠죠. 같이 옆에서 보조를 많이 해주시고 도와주면 어려움 없이 나갈 수 있겠고, 그렇지 않는다고 그러면 약간의 어려움은 있을 수 있겠죠. 작년에도 제일 어려웠던 점들이 그런 거였던 것 같아요. 임원 임기가 짧다 보니까, 이분들이 초기에 고생을 많이 하신 거잖아요. 요걸 그대로 이어가지고 쭉 나가야 되는데 그렇지 못하면 또 우리한테 어려움이 닥칠 것 아니냐 하는 걱정은 하죠. 저희 1기 [가협 지도부] 때는 그렇지 못했는데, 이번에 전명선 씨나 유경근 씨가 [후임 임원들을] 같이 도와주고 그러면 크게 어려움은 없을 것 같습니다.

면담자     새 임원진이 더 진취적일 수도 있으리라는 기대를 가지고 함께해야겠죠.

차웅 아빠     두 운영위원장의 성격이 많이 다르잖아요, 전명선 씨하고 장훈 씨하고. 장훈 씨 같은 경우에는 굉장히 외향적이셔서 가지고 잘 하실 것 같아요, 가족들 잘 아우르고[아울러서] 가실 것 같고. 저희가 힘닿는 데까지는 다들 도와드려요.

면담자     제가 너무 구체적인 부분까지 가는 것인지는 모르겠습니다만 운영위원장 장훈 씨가 일산으로 이사를 갔잖아요. 그러니까 일산에서 안산으로 나와서 운영위원장을 해야 되는데, 이것도 사실은 유가족 공동체 안에서는 이례적이고 독특한 현상이라고 볼 수 있습니까?

**차웅 아빠**  그건 잘 모르겠습니다, 대부분은 안산에 계시려고 하는데. 저희도 시흥으로 나가 있지만 그건 큰 문제가 되지 않을 것 같습니다. 꼭 안산에만, 안산에 같이 있어서 행동하면 좋긴 하겠지만 그것도 개인 사정도 있고 그래서 큰 문제가 안 되리라고 생각합니다.

**면담자**  차웅이네도 시흥으로 가셨고, 최근에 이사하신 분들 꽤 있더군요. 홍성으로 이사 가신 분도 있고요.

**차웅 아빠**  홍성, 아산, 용인, 우리 반만 해도 몇 분 계십니다.

**면담자**  그리고 이제 바로 이어서 아이들 명예 졸업식을 했었는데, 그날은 평일이어서 가시기가 어려우셨을 것 같아요.

**차웅 아빠**  집사람하고 같이 가기는 갔었구요. 집사람이 저희 차웅이 자리에 앉아서 있었고 저는 뒤에 서 있었거든요. 그런데 저희가 조금 일찍 가서 봤어야 했는데 늦게 일어나 가지고 시작하기 20분 전에 도착했나 그랬던 것 같아요. 가니까 의자 위에 앨범하고 꽃다발하고 이름표하고 이렇게 올려져 있더라구요. 그래서 똑같이…(한숨) 처음에는 가서 '우리 여태까지 못했던 졸업식이구나' 생각하고 갔다가 참석해서 있다 보니까 눈물도 나고 생각도 나고 그렇더라구요. 본인이 없는 졸업식이잖아요. 아까 잠깐 인터넷 읽어

보니까 누가 그렇게 썼더라구요. 원래 졸업식이면 한 가지를 마치고 새로 시작하는 단계이기 때문에 화기애애하고 재밌고 기대감 있고 그런데 이번 졸업식은 새로운 시작이 아니고 끝이잖아요. 끝을 의미하는 부분이 더 크기 때문에 그렇죠.

**면담자**       학교를 정말 오랜만에 가보신 거세요?

**차웅 아빠**       네. 조형물 제막식 할 때 한 번 가고 안 갔죠, 이제 갔었죠.

**면담자**       말씀주신 김에 그 조형물을, 그러니까 경기도교육청 예산, 정확하게는 국가 예산으로 크게 만들었습니다. 조형물을 국가에서 만들어서 그 위치에 그 모양으로 두는 것에 대해서는 어떤 생각이셨어요?

**차웅 아빠**       일단은 저희 애들 생각하면 조형물이 세워졌다는 것에 대해서는 좋게 생각하고요. 그거 하나 세우는데도 시간이 많이 걸렸잖아요. 막상 가서 보니까 애들 이름만 달랑 써져 있고 약간은 뭔가 부족하다는 생각을 하긴 했었어요.

**면담자**       조형물 설치하면서 일부 유가족들, 그리고 집행부하고는 논의가 있긴 있었던 것은 제가 알고 있지만, 가족들의 의견을 충분히 수렴하는 그런 과정이 있었나요?

**차웅 아빠**       저도 고거[그것에 대해서] 의견 들어본 적은 없어요. 그때 와서[가서] 처음 본 거거든요. 어떤 조형물인지 궁금하기도 했

117

었구요. 기업 이쪽, 기업 관련된 데하고 집행부하고만 아마 회의를 해서 그렇게 된 것 같아요.

면담자    이번 조형물의 예술적 가치에 대해서는 여러 의견이 있는 것 같습니다만, 꼭 그렇게 나쁘게 평가받는 것 같지는 않고요. 다만 만들어가는 과정에서 대다수의 유가족들은 많이 소외되었다 하는 느낌을 저는 받았습니다.

차웅 아빠    그 생각은 못 했네요. 교수님 얘기 들어보니까 그렇구나, 생각이 드는데요.

면담자    앞으로도 매사 유가족들의 의견을 수렴하는 과정을 거치려고 애를 쓰는 것이 그나마 제일 좋은 결과를 도출하는 것이 아닌가, 그런 생각이[을] 하거든요.

# 7
## 마무리 인사

면담자    2019년을 맞아 앞으로의 삶에 대해서 어떤 바람이나 생각, 구상을 가지고 계신지 설명해 주시면 좋을 것 같습니다. 물론 차웅이를 연관시켜서 얘기해 주시면 더 좋을 것 같아요.

차웅 아빠    지금 사고 관련해서는 올 19년도에는 크게 변화될 게 없는 것 같구요. 저희가 생명안전공원 들어서는 것을 더 지켜보

차웅 아빠 정윤창

고 사참위, 저도 기회가 되면 이제 평일에 시간이 났기 때문에, 기회가 되면 거기도 참석해 볼 생각입니다. 제가 다른 일을 찾을 때까지는 일단은 쉴 계획이니까요, 개인적으로는. 그동안에라도 한동안 관여 못 했던 그런 부분들에 참석을 해서 좀 더 깊이 알고 싶은 부분이 많아요. 선체조사 결과물[선체조사위 조사결과보고서] 나온 것 읽어보기 시작했거든요, 2권짜리로 나온 것. 그래서 그런 부분들도 자세히 알고 싶어서 그쪽에[그쪽으로] 공부를 하고 싶어요. 물론 많이 겪어보면서 아는 것도 있지만, 체계적으로 결과물 나와 있는 것들이 많이 있으니까 그런 것들을 깊이 좀 보고 싶고. 개인적으로는 어떻게 보면 이게 참 저한테는 좋은 기회라 생각이 듭니다. 제가 본인이 [스스로 회사를] 나온 건 아니고 타인에 의해서 이렇게 됐지만, 나한테 주어진 좋은 기회라고 생각하고 있고요. 이 기회를 잘 살려서 또 새로운 방향을 모색을 해봐야죠. 집사람도 건강이 많이 안 좋으니까 가족들 건강도 챙겨주고. 저도 지금 체력 보충한다고 운동을 하고 있기는 합니다만, 조금 더 열심히 살아보겠습니다.

면담자     마치려고 했는데 아버님 말씀 중에 중요한 질문거리를 주시네요. (웃으며) 원래 기계 쪽 일을 하셨죠?

차웅 아빠     네.

면담자     사참특위 보고서 같은 것도 조금 남달리 읽히실 것 같은데요.

차웅 아빠    네.

면담자    그러니까 진상 규명에서 특히 침몰 원인과 관련된 이런 부분들을 몇몇 가족들이 보고 계시고 특위에서도 작업을 하고 있는데, 아버님이 공부를 하신다니까 반갑기도 하네요. 일부는 이미 보셨을 테니까….

차웅 아빠    앞에 조금, 내인설 부분을 조금 봤죠. 솔로네이드 [솔레노이드] 밸브 나오는 부분까지 좀 봤구요, 그 이후는 아직 못 봤고….

면담자    그 부분 보시니까 어떠셨어요, 무슨 밸브라구요? 저는 모르는 이름인데.

차웅 아빠    솔로네이드[솔레노이드] 밸브라고, 지금 얘기하고 있는 부분이 그것 때문에 배가 고장이 나서 변침이 되었다고 하는 부분이 내인설이잖아요. 그 부분 읽고 있는 중입니다. 뭘 말씀드려야 되는 거죠?

면담자    솔레노이드 밸브라는 게 뭐예요?

차웅 아빠    그게 쉽게 얘기하면, 일반적인 기계 용어로 따지면 전기가 들어가면 밸브가 열리고 전기가 오프가 되면 닫히고 그런 온오프 기능을 하는 밸브거든요. 그게 작동이 되어야 하는데 아마 작동이 안 되서 급변침이 일어났다고 얘기하는 부분이 솔레노이드 밸브와 관련된 내용이더라고요. 좌우에 2개가 있는데 제주도로 갈 때는 1번을 쓰고 다시 인천 올라올 때는 2번을 쓰고, 관행적으로 그렇게 해왔다고 하는데, 내려갈 때는 원래 1번을 써야 되는데 1번이 고장이 나서 급변침이 되어야 한다고 생각을 했는데 그날은 또 2번을 쓴 거죠. 결과가 그렇게 나와 있더라구요. 그렇게 해서 일단 여기[까지] 읽은 상태이고요, 전체적인 내용은 봐야 알겠지만. 그러니까 자꾸 들은 얘기는 있는데, '솔레노이드 밸브가 어떻고' 들은 얘기는 있는데, 책을 한번 들어가서 보니까 모르는 용어도 많더라구요, 어려운 용어도 많고. 좀 더 공부를 해서 기회가 된다면 한번 다시 말씀드리면 좋겠습니다.

면담자　　　네, 알겠습니다. 마무리하면서 마지막으로 남기실 말씀 있으시면 해주세요.

차웅 아빠　　　음… 준비한 게 없습니다. 아까 말씀드렸구요.

면담자　　　유가족 분들에게 한 말씀 하신다면요?

차웅 아빠　　　가족분들… 지금까지 잘 해오고 계시지만, 끝이라고 생각하시는 분은 안 계시겠지만 좀 더, 아니 전에처럼, 초기 때처럼 참석을 많이 하고, 지금 새로 운영진이 있는데 많은 협조를 부탁한다고 말씀드리고 싶어요. 전에처럼 많이 안 모이시더라구요. 개인적인 일도 있고 다 바쁜 일들이 있으시겠지만 그래도 우리가 죽을 때까지 해야 되는 일이니까 조금만 더 시간을 내서 많이 협조해 주셨으면 하는 바람이 있습니다.

면담자    앞에 아버님이 2차 구술까지만 하셨더라구요. 오늘 이 3차 구술이네요. 최근의 여러 내용을 말씀해 주셔서 정말 좋은 증언이 될 것 같습니다.

차웅 아빠    생각이 잘 안 나더라구요. 말씀 많이 드려야 하는데….

면담자    충분히 많이 주셨어요. 감사드립니다. 여기서 마치겠습니다.

차웅 아빠    네, 고생하셨습니다.

**4·16구술증언록 단원고 2학년 4반 제15권**

그날을 말하다 차웅 아빠 정윤창

ⓒ 4·16기억저장소, 2019

**기획 편집** 4·16기억저장소 ┆ **지원 협조** (사)4·16세월호참사가족협의회
**펴낸이** 김종수 ┆ **펴낸곳** 한울엠플러스(주)
**초판 1쇄 인쇄** 2019년 4월 1일 ┆ **초판 1쇄 발행** 2019년 4월 16일
**주소** 10881 경기도 파주시 광인사길 153 한울시소빌딩 3층
**전화** 031-955-0655 ┆ **팩스** 031-955-0656 ┆ **홈페이지** www.hanulmplus.kr
**등록번호** 제406-2015-000143호

Printed in Korea.
ISBN 978-89-460-6738-7 04300
        978-89-460-6700-4 (세트)
* 책값은 겉표지에 표시되어 있습니다.